Geld ist gut, Vertrauen ist besser

Pietro Archiati

GELD IST GUT, VERTRAUEN IST BESSER

Wo Menschen und ihre Fähigkeiten
mehr gelten als Geld

Dritte, durchgesehene Auflage 2008
© Archiati Verlag e. K., Bad Liebenzell

Korrektorat: Eva Koglin, Ganderkesee
Umschlagfoto: Dagmar Kersten, München
Druck: Memminger MedienCentrum, Memmingen

ISBN-13: 978-3-937078-06-9

Archiati Verlag
Burghaldenweg 37 · D-75378 Bad Liebenzell
Telefon: (07052) 935284 · Telefax: (07052) 934809
anfrage@archiati-verlag.de · www.archiati-verlag.de

Inhalt

Vorwort zur dritten Auflage 2008

Wir schreiben den Monat Oktober 2008. Die schwerste Finanzkrise seit der «großen Depression» von 1929 erschüttert die Welt. Das Vertrauen in das Börsen- und Banksystem schwindet weltweit. Viele Millionen Anleger bangen um ihr erspartes Geld. Die Massenpsychologie der Angst erzeugt bei den Führenden in Politik und Wirtschaft die Angst vor der Angst.

Diese schwerste Krise des Kapitalismus ist in Wirklichkeit eine Krise des Materialismus, der einseitigen Fixierung auf den materiellen Wohlstand und auf das Geld. Die Marktwirtschaft, auf das Dogma der Selbstregulierung gegründet, wird zunehmend in Frage gestellt. Der Schrei nach Eingriff des Staates wird immer lauter, selbst die USA machen hier keine Ausnahme.

Die Alternative zum Materialismus, zur Geldgier, wird in diesen Ausführungen als Freude am Schaffen dargestellt. In der Entfaltung seiner individuellen Begabungen zum Wohl aller kann der Mensch auch sein persönliches Glück erleben. Dies ist aber nicht Sache eines Einzelnen: Es kann nur durch eine kulturelle Revolution erreicht werden, die es den Erwachsenen ermöglicht, schon in der Erziehung ihre Kinder mit einer neuen Lebensgesinnung anzustecken, in der der Mensch und nicht das Geld das Wichtigste ist.

In der Geisteswissenschaft Rudolf Steiners, der ich die wichtigsten Ideen verdanke, die hier zur Sprache gebracht werden, wird die Trennung von Arbeit und Entlohnung als die größte soziale Aufgabe der nächsten Zukunft gesehen. Solange jeder im Hinblick auf die Entlohnung arbeitet, arbeitet jeder nur für sich und das heißt wirtschaftlich höchst unproduktiv. Der Lohn würde verschwinden, wenn alle Mitarbeiter eines Unternehmens sich einigen würden, wie sie den Ertrag ihrer Leistung unter sich verteilen. Diese Verteilung würde sich aber nicht an der abstrakten «Arbeit» orientieren, sondern an der realen Leistung, die jeder dank seinen Fähigkeiten einbringt.

Das übertriebene Sparen aus Angst um die Zukunft ist eine Folge davon, dass zahllose Menschen sich dazu gezwungen sehen, das für ihr Leben nötige Geld mit ihrer Arbeit zu verdienen. Wenn der Gewinn eines Unternehmens je nach individueller Leistung verteilt würde, würde der Antrieb zum Mitmachen immer mehr die Lust am Schaffen sein können, das heißt die Freude, sein Bestes zu geben. Dies setzt seinerseits voraus, dass jeder Mensch unabhängig von jeder Leistung das Nötige für ein menschenwürdiges Dasein von der Allgemeinheit bekommt.

Dieses Buch gibt im Wesentlichen den Inhalt eines Seminars wieder, das ich im Herbst 1999 in München gehalten habe. Die meisten Teilnehmer waren keine Fachleute der Wirtschaft. Ich habe versucht, auch im Hinblick auf manche Wiederholungen, die Lebendigkeit der mündlichen Mitteilung möglichst zu bewahren. Einige Teilnehmerfragen habe ich fast wörtlich übernommen, andere Fragen stammen von Menschen, die das Entstehen dieses Buches begleitet haben.

Pietro Archiati
im Herbst 2008

1. Jeder ist urteilsfähig, nicht nur Fachleute

Finanzfachleute von Banken, Medien und Regierungen sagen uns immer wieder direkt oder indirekt, dass die Finanzwelt etwas sehr Kompliziertes ist, besonders angesichts einer unüberschaubaren, wetterwendischen globalisierten Wirtschaft.

Sie beteuern, dass selbst Experten kaum mehr einen Überblick gewinnen, geschweige denn behalten können und deswegen Laien eine nur sehr begrenzte Möglichkeit haben, ein treffendes Urteil über die Art und Weise zu fällen, wie die Finanzwelt mit Geld umgeht. Wenn der «Laie» dieser Sichtweise folgt, dann nimmt er sich jede Möglichkeit, einen eigenen Standpunkt zu entwickeln und mitzureden.

Selbstverständlich gehört zur Ausübung eines Berufes ein Fachwissen, das nur diejenigen besitzen, die es durch die entsprechende Ausbildung und Arbeitserfahrung erworben haben. Ein einzelner Mensch kann dies nur in einem Fachgebiet oder Beruf erreichen.

Das bedeutet aber nicht, dass nicht alle Menschen dazu fähig sind, sich ein Urteil darüber zu bilden, wie sich die Tätigkeit von Fachleuten in den verschiedenen Bereichen des Lebens *auswirkt*. Diese Urteilsbildung stellt eine wichtige Aufgabe dar, die jeder Mensch erfüllen kann. Er allein ist dafür verantwortlich, dass er sie wahrnimmt.

Niemand muss ein Arzt sein, um gesund zu leben. Nicht derjenige Mensch ist besser dran, der immer wieder krank wird und auf die Hilfe des Arztes angewiesen ist, sondern derjenige, der selbst für seine Gesundheit sorgen kann.

Nicht nur Kernphysiker können sich ein Urteil darüber bilden, welche Folgen die Handlungen von Kernphysikern haben. Die Folgen des Reaktorunglücks von Tschernobyl kann jeder wahrnehmen und beurteilen, auch ohne ein Experte zu sein. Es ist auch nicht nötig, ein Studium der Biologie zu absolvieren, um abzuschätzen, ob genmanipulierte Lebensmittel gesundheitsschädlich sind oder nicht.

Dass viele Menschen sich in dieser Hinsicht kein eigenes Urteil zutrauen und lieber zwischen verschiedenen Meinungen der Fachleute wählen, bedeutet nicht, dass sie nicht urteilsfähig sind. Ein Gentechniker muss zwar Fachwissen besitzen, um bestimmte Lebensmittel genetisch verändern zu können. Wie sich aber seine Tätigkeit auf die Menschen auswirkt, darüber kann und muss sich jeder Einzelne aufgrund eigener Erfahrung ein Urteil bilden.

Warum sollte es beim Geld anders sein? Nicht jeder kann das Geschehen an den Börsen durchschauen, nicht jeder kann da ohne Weiteres mitspielen. Dazu gehören Fachwissen und Erfahrung. Sich aber Gedanken darüber zu machen, wie sich das Börsengeschehen auf die gesamte Menschheit auswirkt, dazu muss man kein Fachmann sein. Im Gegensatz zu einem spezialisierten Wissen ist hier gerade ein möglichst umfassendes Wissen gefragt – ein Wissen über den Menschen und die Umwelt und über ihre Abhängigkeit voneinander.

Wenn Millionen von Anlegern ihr Geld auf der Bank oder in Aktien auf der Börse angelegt haben und plötzlich die Erfahrung machen, dass es statt mehr weniger geworden ist, so brauchen diese Menschen keine Fachleute zu sein, um zu wissen, dass hier im großen Stil etwas nicht stimmt.

Fachleute können sich nur durch Einschränkung ihres Forschungs- und Tätigkeitsbereichs für ihr Fachgebiet «spezialisieren». Aber die Wirkungen ihres Tuns beschränken sich nicht auf einen Teilbereich des Lebens, sie übertragen sich immer auf das Ganze, auf alle Menschen und auf die ganze Umwelt. Eine Urteilsbildung über die Folgen dessen, was die Experten tun, ist deshalb nur möglich, wenn man den Prozess der Spezialisierung geradezu umkehrt, dadurch, dass man das Blickfeld erweitert und die Wirkungen auf das Ganze zu erfassen versucht – auf den ganzen Menschen, die ganze Menschheit und die ganze Erde.

Was die Sache schwierig macht, ist, dass heute oft nur das als wissenschaftlich gilt, was sich spezialisiert. Viele Wissenschaftler sind sich schnell einig, jemanden als Dilettanten, als Laien abzustempeln, der sich darauf «spezialisieren» möchte, die Auswirkungen ihres Tuns auf Mensch und Erde im Ganzen zu erforschen. Auf diese Weise wird verhindert, dass möglichst viele Menschen sich ein Urteil über die verzweigten Auswirkungen von Wissenschaft und Technik bilden können. Aber eben diese Urteilsbildung ist heute unverzichtbar, wenn der Mensch noch einen Hauch von Freiheit und Mitbestimmung erleben will.

Die Gentechniker arbeiten zum Beispiel fieberhaft daran, die Schöpfung von Grund auf umzubilden. Haben diese Experten eine Ahnung davon, wie sich ihre Eingriffe auf den ganzen Menschen und auf die Natur insgesamt auswirken werden? Wissen sie, wie Mensch und Umwelt morgen und übermorgen darauf reagieren werden? Ist es hinnehmbar, dass Unternehmer und Wissenschaftler, die ein finanzielles Interesse an irgendeinem Geschäft haben, jeden als Panikmacher oder Zukunftsverhinderer abstempeln, der diese wichtigen Fragen stellt?

Ähnliches gilt für das Geld: Finanzfachleute sind weltweit in ihren jeweiligen Spezialbereichen tätig. Das ist notwendig, aber ebenso notwendig ist es, dass mehr und mehr Menschen sich ein Urteil darüber bilden, wie sich die globalisierte Geldwirtschaft auf die ganze Menschheit und auf die Umwelt insgesamt auswirkt.

Ein Vergleich mit dem physischen Organismus kann diese Notwendigkeit verdeutlichen. Es ist offensichtlich, dass alles medizinische Fachwissen über Herz oder Hirn oder über eine bestimmte Krankheit nur dann einen Sinn ergibt, wenn das Wirken des Arztes die Gesundheit des ganzen Körpers wiederherstellt. Denn Gesundheit ist nicht auf einen isolierten Bereich im Körper beschränkt, sondern umfasst den ganzen Körper als unteilbare Einheit. Kein Mensch kann halb oder dreiviertel gesund sein: entweder ganz oder gar nicht. Keiner würde vernünftigerweise sagen: Bei mir ist nur die Leber krank, aber sonst ist mein Körper kerngesund. So kann jeder Mensch beurteilen, ob ein Eingriff in seinen Körper oder ein Medikament ihn gesund macht oder nicht. Denn wer kennt den eigenen Körper besser als jeder selbst?

Das Geld erfüllt eine vergleichbare Aufgabe im sozialen Organismus wie das Blut im physischen Organismus. Alle

Nahrungsstoffe gelangen letztlich in das Blut und das Blut belebt durch seinen feinverzweigten Umlauf alle Organe, alle Zellen des Körpers. Ähnlich ist es mit dem Geld: Alle Dinge können durch Verkauf in Geld verwandelt werden, und alles Geld kann wiederum durch den Kauf in alle Dinge zurückverwandelt werden.

Der Blutkreislauf zeichnet sich dadurch aus, dass das Blut immer in Bewegung bleibt und überall hinkommt. Der Körper könnte nicht gesund bleiben, wenn sich das Blut irgendwo stauen würde, wenn an einer Stelle zu viel und an der anderen zu wenig davon vorhanden wäre. Dasselbe gilt wiederum für das Geld: Der soziale Organismus bleibt gesund, nur wenn das Geld überall hinkommt, unentwegt bis zu jedem einzelnen Menschen zirkuliert und jeder immer genug «Geldblut» für ein gesundes Leben zur Verfügung hat.

Geld für Körper, Seele und Geist

Alles, was wir zum Leben brauchen und mit Geld erwerben können, kann zwei Bereichen zugeordnet werden. Der erste besteht aus den körperlichen Bedürfnissen des Menschen. Hier wird das Geld konkret, denn es steht ganz real für all die Dinge, die wir für unser körperliches Wohlbefinden brauchen. Der Körper stellt eine Summe von Grundbedürfnissen dar, und diese Bedürfnisse lassen sich nicht ungestraft ignorieren. Jeder muss essen und trinken, jeder muss schlafen, jeder muss seinen Körper mit Kleidung schützen und so weiter.

Aber der Mensch besteht nicht nur aus seinem Körper, er hat auch ein inneres Leben, er hat Gefühle und Ideale, Wünsche und Interessen, Pläne und Erwartungen. Diese innere Welt wurde schon immer «Seele» genannt.

Wenn heute der Geburtstag meiner Freundin ist, ist es nicht ihr Körper, der Freude an einem Blumenstrauß haben wird, und es ist auch nicht mein Körper, der den Gedanken hat, ihr den Strauß zu schenken. In meiner «Seele» erlebe ich die Sehnsucht, ihr eine Freude zu machen, und das macht mir auch Freude. Sie wird ihrerseits die Blumen nicht essen, denn sie sind nicht zur Erhaltung ihres Körpers gedacht. Aber in ihrer Seele, in ihrem Gemüt können sie ein Gefühl der Freude bewirken.

Auch diese innere Welt braucht immer wieder Geld. Die Blumenverkäuferin wird mir die Blumen für meine Freundin nicht schenken, sie wird mir sagen, wie viel sie kosten. Die Freude am Blumenschenken, dieses rein innere Bedürfnis, wird umgesetzt in Geld, und ich muss die Blumen bezahlen.

Diese innere Welt des Menschen ist nicht weniger vielfältig als die Welt der rein körperlichen Bedürfnisse. Jemand hat vielleicht bis vor Kurzem von einem Motorrad geschwärmt, aber jetzt ist ein anderes Interesse erwacht, jetzt träumt er nur noch von einem Segelboot. Nicht sein Körper hat sich inzwischen verändert, sondern seine Interessen. Im Inneren jedes Menschen gibt es viel mehr Entwicklung und Veränderung als auf der Ebene des Körpers. Und deshalb brauchen wir viel mehr Geld für unsere Seele als für unseren Körper, so überraschend das auch klingen mag.

Alles, was den Körper betrifft, ist einem «Muss» unterworfen. Da gibt es nicht viel Spielraum. Wenn es um ein bestimmtes Grundbedürfnis des Körpers geht, heißt es doch auf Deutsch schlicht und einfach: «Ich muss!» Die Bedürfnisse der Seele hingegen «müssen» nicht sein. Hier spielt der freie Wille eine viel größere Rolle. Wenn ich Lust habe, Musik zu hören, spüre ich kein «Muss». Ich sage, ich möchte oder ich will Musik hören, ich sage nicht, ich muss. Dabei spüre ich keinen Zwang.

Die körperlichen Bedürfnisse unterliegen der Notwendigkeit der Naturgesetze. Es ist die Natur, die die Rangordnung dieser Bedürfnisse bestimmt. Die Werteskala der seelischen Neigungen, der Sympathien und Antipathien, der Hobbys und der Leidenschaften, hängt aber viel mehr von der kulturellen Umwelt und von der Eigenart des Individuums ab.

Das Leben in die Hand nehmen – oder aus der Hand geben?

Unsere innere Welt erleben wir auf zwei grundverschiedene Weisen. Ich möchte sie hier «Seele» und «Geist» nennen, wobei das zunächst nur zwei Worte sind. Sie können erst dann einen greifbaren Inhalt bekommen, wenn man sie auf etwas Konkretes bezieht. Es ist wie wenn ich hungrig im Restaurant sitze und Spaghetti bestelle. Damit meine ich nicht nur ein Wort, sondern etwas, was mich satt macht. Mit dem Wort «Spaghetti» allein ist das nicht getan. Genauso deuten die Worte Seele und Geist auf zwei Wirklichkeiten.

«Seele» ist alles in uns, was vorübergehend und flüchtig ist – Emotionen, Gefühle, Leidenschaften. Davon gibt es viel mehr, als man denkt. Selbst die heftigste Wut wird nicht ewig andauern. So wie sie kommt, geht sie auch wieder früher oder später. Das Wort «Geist» kann man im Gegenteil am besten auf alles das beziehen, was dauerhaft ist.

Stellen wir uns zwei Menschen vor, einen Seelen- und einen Geistesmenschen, die eine Bergwanderung machen. Der eine ist ganz von den Stimmungen eingenommen, die von der Natur hervorgezaubert werden, er leidet vielleicht unter dem schlechten Wetter oder freut sich über einen besonders schönen Ausblick. Der andere betreibt intensive Naturbeobachtung, will mehr als nur etwas erleben, will die Phänomene in ihrer Sachlichkeit verstehen. Vielleicht vergleicht er die Formen der Felsen miteinander und sinnt über ihre Entstehung nach.

Es lässt sich unmöglich sagen, welcher von diesen beiden Bergwanderern der bessere ist. Die Kunst des Lebens besteht gerade darin, zu wissen, in welcher Situation Seelenhingabe und in welcher Geistestätigkeit besser passt.

Es gibt noch eine andere Unterscheidung zwischen Seele und Geist. Alles, was seelisch oder vorübergehend ist, ist zu gleicher Zeit subjektiv, es geht nur den etwas an, der es erlebt. Alles, was geistig oder dauerhaft ist, ist objektiv, für alle gültig und wichtig. Die Naturgesetze üben auf alle Menschen dieselbe Wirkung aus. Wenn aber ein Mensch traurig ist, ist nicht die ganze Welt mit ihm traurig, sondern es ist seine persönliche Angelegenheit, es hat nur mit seiner Seele etwas zu tun. Anders zum Beispiel die Sonne: Wenn sie aufgeht, wird es für alle hell, wenn sie untergeht, wird es objektiv dunkel – ob uns das nun subjektiv gefallen mag oder nicht.

Es gibt vieles in uns, was offensichtlich spontan abläuft, was wie von selbst kommt und geht. Aber es gibt auch Dinge, die ohne unser Zutun nicht geschehen würden. Wir haben also immer die Möglichkeit, innerlich passiv oder aktiv zu sein. «Passiv» sein heißt im Lateinischen: leidend sein. Gemeint ist, wenn der Mensch das Leben nur «erleidet», was mit Trägheit und Faulheit verwandt ist. Auf diese Weise erlebt sich der Mensch fast nur als Seele.

Aktiv sein heißt, sein Leben selbst in die Hand nehmen. Auch eine Krankheit muss für den Menschen nicht ein Leiden sein – er muss sie nicht nur erleiden, er kann sie als Herausforderung erleben, die ihm die Möglichkeit bietet, besonders starke Kräfte in sich wachzurufen. Wer sein Leben aktiv gestalten will, strebt an, in jeder Lebenslage schöpferisch, erfinderisch zu sein. Auf diese Weise erlebt er sich nicht nur als Seele, sondern vor allem als Geist.

Jeder Mensch hat die Fähigkeit, in tausenderlei Hinsicht ein Schöpfer zu sein, Dinge zu erfinden und zu tun, auf die noch keiner gekommen ist. Nur kann dieses Tätigsein eben nicht von selbst geschehen, sonst bliebe der Mensch dabei ja passiv, untätig. Alles Schöpferische kann nur durch eigene Initiative zustande kommen. Es «muss» niemals sein.

Weil jeder es auch versäumen kann, in den verschiedenen Bereichen des Lebens schöpferisch zu sein, weil der

Mensch sich auch «gehen lassen» kann, hat jeder auch die Möglichkeit, die Ereignisse des Lebens nur passiv über sich ergehen zu lassen. Er reagiert dann nur, statt zu agieren, und kann sich obendrein darüber ärgern, dass ihm alles Mögliche angetan wird, dass er nur noch Sachzwänge erlebt. Er merkt nicht, dass es daran liegt, dass er selbst zu wenig unternimmt, dass er zu wenig die Initiative ergreift.

Auch die Sprache unterscheidet in eindrucksvoller Weise zwischen Träge- und Tätigsein. Wenn jemand sich zum Beispiel ärgert, dann gibt ihm die Sprache zwei Möglichkeiten, dies zum Ausdruck zu bringen. Er kann sagen: «Der ärgert mich maßlos» oder: «Der geht mir furchtbar auf die Nerven.» Er kann aber auch sagen: «Ich ärgere mich, ich habe eine Wut.» Im ersten Fall macht er einen anderen für seinen Ärger verantwortlich, im zweiten Fall sieht er sich selbst als Ursache des Ärgers. Dies hat den Vorteil, dass wenn er sich selbst ärgert, er auch selbst wieder seinen Ärger überwinden kann. Im ersten Fall muss er vom anderen erwarten, dass er aufhört, ihn zu ärgern. Und wenn der andere es nicht tut, ärgert er sich vielleicht noch mehr!

Ein anderes Beispiel ist die Art und Weise, wie wir das Denken erleben. Wir können uns dabei passiv verhalten, dann erzeugen die Sinneswahrnehmungen in uns automatisch die entsprechenden Vorstellungen. Diese entzünden wiederum von sich aus Gefühle der Sympathie oder Antipathie und nach diesen – nicht nach unserem freien Willen – handeln wir dann. Umgekehrt können wir unser Denken auch selbst in die Hand nehmen. Wir können die Gedanken wach und schöpferisch gestalten, sie konzentriert miteinander verbinden und immer faszinierendere Denkzusammenhänge herstellen.

Der Unterschied zwischen einer unternehmerischen und einer Erwartungshaltung, zwischen Geist und Seele, zeigt sich besonders deutlich im Umgang mit dem Geld.

Der eine sagt: «Von Geld verstehe ich nichts» und nimmt das als Ausrede, um alles, was mit der Finanzwelt zu tun hat, anderen zu überlassen. Der andere sagt: «Donnerwetter, das Geld regiert in der Tat die Welt! Ich muss also, nein, ich will das Wesen und das Wirken des Geldes immer besser durchschauen, weil ich nicht nur von den Entscheidungen anderer abhängig sein will. Ich will über mein Geld eigene Entscheidungen treffen können.»

Das Geld macht, was die Menschen es machen lassen. Auch über das Geld entscheidet immer der Mensch. Das Geld als solches ist entweder ein Stück Papier – eine Banknote oder ein Wertpapier – oder eine bare Münze. Weder Papier noch Metall können Entscheidungen darüber treffen, wie sie sich verhalten oder was sie tun. Nur der Mensch kann das, und er tut es durch seinen Geist, das heißt durch die Ziele, die er verfolgt.

Der materialistische Mensch von heute gebraucht sein Geld fast nur für körperliche und seelische Bedürfnisse. Er hat zwar einen erfinderischen Geist in Wissenschaft und Technik, aber dieser Geist denkt fast nur Gedanken, die sich auf die Bedürfnisse seines Körpers und auf die Begierden seiner Seele beziehen. Es kommt ihm kaum in den Sinn, dass er mit dem Geld auch die Entwicklung seines Geistes als solchen fördern kann. Der Mensch kann auch eine echte Leidenschaft für etwas rein Geistiges entwickeln, er kann zum Beispiel im Streben nach Erkenntnis die tiefste Freude erleben.

2. Von der Tausch-
zur Geldwirtschaft

Heute wird kaum in Frage gestellt, dass die wichtigste Grundlage der Wirtschaft das Geld ist. Das Wirtschaftswachstum, die Firmengewinne, die Zinssätze der Zentralbanken, der Sparguthaben, das Börsengeschehen, alles wird in Geldwerten dargestellt. Wie soll es auch in einer Geldwirtschaft anders sein?

Dabei gab es vor der heutigen Geldwirtschaft eine andere, die «Tauschwirtschaft», die mit der Erfindung des Geldes schrittweise ihr Ende gefunden hat. Und eine wichtige Frage unserer Überlegungen wird sein: Gibt es vielleicht eine dritte Art der Wirtschaft, die die Einseitigkeiten und die Mängel sowohl der Tausch- wie auch der Geldwirtschaft aufheben kann? Diese Frage ist deshalb wichtig, weil die heute bestehende Geldwirtschaft an einem Punkt angekommen ist, an dem es so nicht mehr weitergehen kann.

Am Anfang gab es also die Natural- oder Tauschwirtschaft. Tauschwirtschaft heißt, dass ich einen Laib Brot dem gebe, der mir Eier dafür gibt. Wenn einer zu viel Kartoffeln hatte, gab ihm ein anderer Milch dafür. Eine solche Jacke-für-Hose-Tauschwirtschaft ist nur auf engstem Raum möglich, wo alle Waren unmittelbar miteinander ausgetauscht werden können. Sie ist nicht mehr möglich, wenn zwei räumlich entfernte Menschen oder Unternehmen miteinander zusammenarbeiten wollen. Eine reine Tauschwirtschaft kann nur bestehen, wenn kleine geografische Einheiten sich voneinander abschließen und die Menschen in ihnen nur untereinander wirtschaften.

Die zweite Stufe in der Entwicklung der Wirtschaft ist die Geldwirtschaft, in der wir uns heute befinden. Eines Tages entdeckte man, dass es nicht nötig ist, einen Tisch gegen einen Schrank zu tauschen, vor allem wenn einer von beiden die Ware des anderen nicht braucht. Zu diesem Zweck erfand man das «Geld»: ein kleines, handliches Ding, das jeder mühelos mit sich herumtragen kann, womit alle Waren der Welt gekauft werden können.

Was geschah eigentlich in den Köpfen der Menschen, als das Geld erfunden wurde? Die Bewertung der Dinge änderte sich schlagartig und gravierend.

In der Tauschwirtschaft hatte jemand ein Huhn und fragte den anderen: «Ich gebe dir ein Huhn, gibst du mir ein Kaninchen dafür?» Woher wussten die Menschen, wie viel ein Huhn und wie viel ein Kaninchen wert ist? Ausschlaggebend war das unmittelbar erlebte Bedürfnis, die reale Not.

Die erste Form der Wirtschaft war also eine Wirtschaft, die sich nach den konkreten, natürlichen Bedürfnissen richtete, sie war eben eine Naturalwirtschaft. So groß der Bedarf eines Menschen an einer Sache war, so hoch war der Wert, den sie für ihn hatte. So war in der Tauschwirtschaft der Wert der Dinge noch ganz an die individuell erlebten Bedürfnisse gebunden. Deshalb war auch die Befriedigung entsprechend, nämlich vollkommen befriedigend. Jeder bekam, was er wirklich brauchte, und war zufrieden. Der Wert war den realen Bedürfnissen zumindest annähernd angepasst.

Mit der Einführung des Geldes ist alles anders geworden. Der Wert der Dinge kann nicht mehr unmittelbar erlebt werden, die wirtschaftlichen Vorgänge sind unendlich kompliziert geworden. Der Preis der Waren und Dienstleistungen kann nicht mehr unmittelbar an den persönlichen Bedürfnissen gemessen werden.

Wie weiß man zum Beispiel, was ein Buch wert ist? Jemand schreibt Bücher und glaubt, seine Bücher sollten dem Leser mehr wert sein als, sagen wir, ein Paar Schuhe. Aber tatsächlich kosten Schuhe heute wesentlich mehr als ein normales Buch. Das hat natürlich auch seine Berechtigung, denn Schuhe sind notwendiger für das Leben als Bücher.

Der Wert der Dinge kann durch das Geld also völlig willkürlich gemacht werden, weil der unmittelbare Bezug auf den erlebten Bedarf verloren geht. Das Geld macht alles abstrakt, weil es alle Dinge gleichmacht, sie können alle in dasselbe Geld umgesetzt werden. Das Geld ist der große Gleichmacher in Bezug auf die Dinge. Nur in Bezug auf die Menschen ist es der große Ungleichmacher, je nachdem, wie viel oder wie wenig man davon hat!

Die Wirtschaft muss deshalb vom abstrakten Geld wieder zum Konkreten zurück. Nur soll das Konkrete diesmal für den Menschen weniger in den Bedürfnissen seines Körpers liegen als in der Förderung seines Geistes, das heißt aller seiner Talente und Fähigkeiten. Die Wirtschaft der Zukunft wird auf die vielfältigen Begabungen der Menschen so viel Gewicht legen müssen wie die Geldwirtschaft auf das abstrakte Geld.

Wir können diese dritte Form der Wirtschaft Begabungen- oder Fähigkeitenwirtschaft nennen. In dieser Wirtschaftsform ist das höchste Gebot nicht der finanzielle Gewinn, sondern die Förderung der Begabungen aller Menschen. Und wo die Pflege individueller Fähigkeiten eine führende Rolle übernimmt, da werden auch die individuellen Bedürfnisse am besten befriedigt, weil sie eine notwendige Voraussetzung für die Entfaltung aller Talente sind.

Die Zukunft gehört dem Menschen

Frage: Wie können Sie so sicher sein, dass die Fähigkeitenwirtschaft die zukünftige Form der Wirtschaft sein wird? Ich glaube ja gern, dass sich viele Menschen insgeheim wünschen, es möge eine solche Fähigkeitenwirtschaft geben. Aber gleichzeitig haben doch auch viele Angst davor.

Wünsche und Ängste spielen sicherlich auch in der Wirtschaft eine wichtige Rolle, weil jeder auf der Grundlage solcher Gefühle wirtschaftliche Entscheidungen trifft. Deshalb ist es durchaus möglich, dass die Menschen den Beginn der Fähigkeitenwirtschaft hinauszögern. Aber die Tatsache bleibt bestehen, dass jeder ganz besondere Fähigkeiten hat, die er für das Wohl aller einsetzen kann. Solche Fähigkeiten nach allen Seiten zu fördern, eröffnet bessere wirtschaftliche Möglichkeiten, als weiterhin nur das Geld in den Vordergrund zu stellen.

Sicherlich haben viele Menschen in der Wirtschaft, in den Unternehmen schon eingesehen, wie wichtig die Förderung von Talenten und Fähigkeiten ist. Aber in den meisten Fällen ist die Förderung der Fähigkeiten wiederum Mittel zum Zweck: Das oberste Ziel bleibt meistens nach wie vor der Geldgewinn. Es macht einen gewaltigen Unterschied, ob die Begabungen dem Geld dienen oder ob das Geld den Begabungen dient. Im ersten Fall ist der Mensch für das Geld da, im zweiten das Geld für den Menschen.

Das Geld als Zahlungsmittel wird natürlich weiterhin eine entscheidende Rolle spielen. Es wird nur zunehmend der Selbsterfüllung des Menschen dienen müssen, wenn man soziale Zerrüttungen und Epidemien von Depressionen vermeiden will.

Der Mensch erlebt innere Erfülltheit weniger durch die Befriedigung der körperlichen und seelischen Bedürfnisse als durch die Entwicklung aller Begabungen seines Geistes, durch die Entfaltung aller schöpferischen Fähigkeiten, die in ihm stecken. Echtes Glück kann der Mensch nur in der Entfaltung seiner Begabungen und Fähigkeiten erleben.

Diese dritte Form der Wirtschaft kann auch Kreditwirtschaft genannt werden. Bisher verstand man darunter meistens Kredit in Form von Geld, aber das gehört noch zur Geldwirtschaft. Ursprünglich bedeutet das Wort «Kredit» so etwas wie Vertrauen. «Credere» heißt auf Lateinisch «glauben», und Kredit geben bedeutet demnach Vertrauen schenken. Aber in diesem Fall ist Vertrauen in den Menschen gemeint, während es in der Geldwirtschaft eigentlich nur Vertrauen in das Geld gibt.

Die Finanzkrisen, die immer wieder die ganze Welt erschüttern, beweisen deutlich, dass das Geld immer weniger «kreditwürdig» wird, das heißt, immer weniger vertrauenswürdig. Immer mehr Menschen machen die Erfahrung, dass auf Geld immer weniger Verlass ist. Immer häufiger passiert es, dass jemand bis gestern eine Summe Geld besaß und heute erfährt, dass sein Geld um einiges weniger wert geworden ist.

In den USA, deren Staatsfinanzen in der letzten Zeit die biblischen sieben fetten Jahre erlebt haben, könnten bald die Jahre der mageren Kühe anbrechen. Und zwar deshalb, weil die dortige Wirtschaft zum großen Teil auf das abstrakte Geld vertraut. Die mageren Jahre beginnen in dem Moment, in dem das Vertrauen der Finanzwelt nachlässt und der Strom der Geldkredite versiegt.

Wenn mehr und mehr Menschen die bittere Erfahrung machen, dass auf Geld kein Verlass ist, was werden sie dann tun? Sie werden nach etwas suchen, was zuverlässiger ist als Geld. Sie werden sich fragen: Worauf kann ich wirklich vertrauen? Gibt es etwas, was nicht von heute auf morgen an Wert verlieren kann, was so glaub- oder kreditwürdig ist, dass es nicht willkürlich entwertet werden kann?

So etwas gibt es wirklich! Es sind die vielfältigen Begabungen, die vielen Fähigkeiten, die jeder Mensch hat. Von allen Dingen des Lebens sind gerade die Fähigkeiten eines Menschen dasjenige, was am dauerhaftesten ist. Was ein Mensch kann, kann nicht von heute auf morgen verschwinden. Das ist auch der Grund, warum das Heranreifen einer Fähigkeit länger braucht.

3. Licht und Schatten
der Geldwirtschaft

Frage: Wenn das Geld so unzuverlässig ist, warum sind die Menschen dann so in das Geld verliebt? Die Geldwirtschaft muss doch auch ihre guten Seiten haben.

Ohne Zweifel. Jede neue Form der Wirtschaft entsteht aufgrund der Vorteile, die man sich von ihr verspricht. Das gilt auch für die Geldwirtschaft. Nur muss man im Auge behalten, dass vor allem im Wirtschaftsleben alles in Entwicklung begriffen ist, dass keine Wirtschaftsform auf ewig die richtige sein kann. Auch im Leben des Menschen ist es so: Was für das siebenjährige Kind taugt, ist das absolut Verkehrte, wenn derselbe Mensch dreißig Jahre alt geworden ist.

Die Geldwirtschaft muss also wie die Naturalwirtschaft zu einem bestimmten Zeitpunkt von der Entwicklung überholt werden und einem Neuen Platz machen.

Dabei wird zweierlei vorausgesetzt. Zum Ersten, dass alles in Entwicklung begriffen ist, und zweitens, dass die Entwicklung immer in eine den Menschen fördernde Richtung geht. Der Mensch sucht immer das, was ihm gut oder vorteilhaft erscheint. Wenn er zu lange auf dem Festgefahrenen beharrt, kommt er nicht weiter. Die Lage wird ihm letztlich unerträglich und er muss auch in der Wirtschaft nach neuen Formen suchen.

Die Geldwirtschaft hat, verglichen mit der Naturalwirtschaft, einen gewaltigen Vorteil mit sich gebracht, nämlich die Freiheit in Bezug auf Raum und Zeit. Wenn das Geld als Vermittler zwischen Käufer und Verkäufer auftritt, erfolgt der Erwerb einer Ware in zwei Schritten: Ich gebe meine Ware und bekomme dafür Geld; ich gebe irgendwann das Geld wieder aus und bekomme dafür eine Ware. Wenn ich für meine Ware Geld erhalte, werde ich schlagartig von jeder Bindung an Ort und Zeit befreit. Ich kann mit diesem Geld an allen Orten und zu allen Zeiten die von mir gewünschten Waren erwerben.

Auch in die menschlichen Beziehungen kommt auf diese Weise mehr Freiheit. Alte gegenseitige Abhängigkeiten der Tauschwirtschaft verschwinden, wenn Waren und Dienstleistungen mit Geld bezahlt werden können. Der Empfänger einer Leistung hat beim Bezahlen das Gefühl, seine Schuldigkeit getan zu haben und dem anderen weiter nichts zu schulden. Er braucht nicht einmal in eine persönliche Beziehung zum Hersteller zu kommen, die Bezahlung kann ganz unpersönlich geschehen. In der Naturalwirtschaft waren die Menschen viel stärker aufeinander angewiesen.

Die Freiheit, die die Geldwirtschaft hervorgebracht hat, beschränkt sich nicht nur auf die persönliche Sphäre, sondern geht noch viel weiter. Nur durch größere Ansammlungen von Kapitalien, also von Geld, ist die Industrialisierung überhaupt möglich geworden. Nicht umsonst nennen wir diese Wirtschaftsform Kapitalismus. Nur in einer Geldwirtschaft ist es möglich, genügend Kapital anzuhäufen, das der Anschaffung und dem Gebrauch von Produktionsmitteln dienen soll. Die Herstellung von Autos, um nur ein

Beispiel zu erwähnen, wäre ohne entsprechende Kapital-konzentration in Form von Geld nicht möglich.

Damit nicht genug: Was die Ansammlung von Geldkapi-tal vor allem möglich macht, ist die rationelle Organisation der Arbeit durch die moderne, unentbehrlich gewordene «Arbeitsteilung». Diese Rationalisierung der Arbeit gehört zu den gewaltigsten Leistungen des Menschengeistes. Und auch hier ist das Geld entscheidend: Alle Mitarbeiter eines Unternehmens können unter sich den Ertrag ihres Einsatzes für die Allgemeinheit in Form von Geld verteilen.

Es gehört andererseits zu den Alterserscheinungen der Geldwirtschaft, dass in diesem Prozess der rationellen Auf-teilung der Arbeit zu einem bestimmten Zeitpunkt die Leis-tung eines Teils der Mitarbeiter eines Unternehmens zu ei-ner Ware gemacht wurde. Die Arbeit des sogenannten Ar-beitnehmers wurde einfach vom sogenannten Arbeitgeber wie eine Ware bezahlt. Auf einmal hatten nicht beide einen gleichberechtigten Anspruch auf den Ertrag der gemein-samen Arbeit. Es entstand ein «Arbeitsmarkt», auf dem der Arbeiter seine Arbeit gegen Geld dem Arbeitgeber verkau-fen musste. Dadurch sind die zwei bekannten Lager ent-standen – Arbeitgeber und Arbeitnehmer –, die nie aufge-hört haben, gegeneinander zu kämpfen.

Wenn eine Form der Wirtschaft die vorangehende ab-löst, bedeutet dies nicht, dass die vorherige völlig ver-schwindet. Sie bleibt als Grundlage für das Neue beste-hen. Auch in der Geldwirtschaft werden weiterhin überall und zu jeder Zeit Waren gegeneinander ausgetauscht, nur auf neue Weise. Die Tauschwirtschaft ist also als solche nicht verschwunden. Die Geldwirtschaft erzeugt ihrerseits zwangsläufig einen Überschuss an Kapital, weil es in der Natur der Arbeitsteilung liegt, dass alle Waren billiger hergestellt werden. Auf diesem Wege entsteht im Laufe der Zeit die Tendenz, das Geld zum alleinigen Ziel des Wirtschaftens zu machen.

Dies macht es möglich, zu erkennen, wie die zukünftige Form der Wirtschaft aussehen wird. Das Neue wird darin liegen müssen, dass der Mensch und sein Wohl zum Ziel allen Wirtschaftens gemacht wird und das Geld zu seinem Mittel.

Wir können die Entwicklung der Geldwirtschaft also wiederum in zwei Phasen unterteilen, eine auf- und eine absteigende. Die Vorteile der Geldwirtschaft waren vorherrschend, solange die Enge und die Unfreiheit der Tauschwirtschaft Stück für Stück überwunden werden konnten. Solange noch zu wenig Geld, zu wenig Kapital für eine echte Weltwirtschaft vorhanden war, musste die Kapitalbildung immer weiter fortschreiten. Dies ist so lange der Fall gewesen, wie sich noch kein Kapital vom wirtschaftlichen Prozess loslösen konnte, wie alles Geld wieder in den realwirtschaftlichen Prozess hinein verschwand. Auch die Zinsen – der Geldgewinn, der beste Beweis der Gesundheit und der Produktivität eines Unternehmens – konnten bis dahin für das Fortbestehen und für die Erweiterung der Produktivität im Dienst der Verbraucher eingesetzt werden.

Ganz anders wirkt in der Wirtschaft das Geld, wenn es anfängt, durch die Verzinsung des Zinses, durch Zinseszins sich ins Unendliche zu vermehren. Da wird das Zinsgeld nicht mehr für den realen Wirtschaftsprozess gebraucht und dadurch wieder verbraucht, sondern es geschieht das Umgekehrte: Das Geld wird vom Wirtschaftsprozess abgekoppelt, es verselbstständigt sich und der Besitzer strebt nur noch nach seiner Vermehrung.

Wenn dieser Vermehrung des Geldes keine Grenze durch das Gesetz oder durch die wirtschaftliche Vernunft gesetzt wird, können die großen Geldbesitzer durch Anwendung von Zwangsmitteln versuchen, ihr Geld ins Unendliche zu vermehren. Dies kann zum Beispiel durch Anzettelung von Kriegen geschehen, die von der breiten Bevölkerung bezahlt werden müssen, was wiederum zu einer Verteilung des Geldes von unten nach oben führt.

Zinseszins ist nicht gleich Zins

Man kann die ungeheuerliche Unmenschlichkeit der Wirkung des Zinseszinses, den drastischen Unterschied zwischen begrenzter Zinserzeugung und unbegrenzter Zinseszinsvermehrung, durch folgendes Beispiel veranschaulichen: Nehmen wir an, jemand hat vor zweitausend Jahren einen Euro zum Zins von drei Prozent angelegt. Wenn die Währung konstant geblieben wäre und wenn alle jährlichen Zinsen wiederum in die Wirtschaft eingeflossen wären, hätte man damit bis heute ein Zinsgeld im Wert von 60 Cent ausgeben können ($0,03 \times 2\,000 = 60$). Wenn der Zins dagegen nicht verbraucht worden wäre und immer weiteren

Zinseszins erzeugt hätte, hätte heute der Besitzer durch den Schachbretteffekt mehr Geld, als in der ganzen Weltwirtschaft vorhanden ist. Das erinnert an den Erfinder des Schachbrettes, der als Belohnung ein Reiskorn für das erste Schachbrettfeld und dessen Verdoppelung bei jedem neuen Feld verlangt hatte. Alle Reisvorräte in ganz China reichten dafür nicht aus!

Wenn mehr Geld erzeugt wird, als bei der Fortführung des Wirtschaftsprozesses wieder verbraucht werden kann, schlägt die Wirksamkeit der Geldwirtschaft in das Gegenteil um. Das überschüssige Geld, der Zinseszins, kann das bis dahin herrschende Gleichgewicht ins Wanken bringen. Jetzt hat nicht nur derjenige, der durch seine Leistung das Geld erworben hat, das Recht, durch dieses Geld die Leistungen anderer in Anspruch zu nehmen, sondern auch derjenige, der das durch Zinseszins verselbstständigte Geld besitzt, ohne dafür eine reale Gegenleistung zu erbringen.

Beim Gelderwerb durch Leistung wird immer etwas verbraucht: Zeit, Kraft, Produktionsmittel, Denkarbeit und so weiter. Auf diese Weise steht dem Gelderwerb ein entsprechender Verbrauch gegenüber, eine Entwertung. Beim Gelderwerb durch Zinseszins ist das nicht mehr der Fall. Es kostet im Grunde genommen die gleiche Zeit, die gleiche Kraft, die gleiche Denkarbeit, ob ich fünfhundert oder eine halbe Million Euro anlege.

Das Geld, das man nicht braucht, kann in zwei Richtungen investiert werden. Es kann denen zur Verfügung gestellt werden, die wirtschaftlich gesehen zunächst reine Verbraucher sind. Das sind alle Menschen, die in Schulen und

Universitäten, in Kunst und Kultur tätig sind. Diese Berufe können als reine «Verbraucherberufe» bezeichnet werden. Sie verbrauchen die schon erwirtschafteten Waren, die materiellen Dienstleistungen anderer und können so für die Zukunft wirtschaftliche Werte schaffen, zum Beispiel durch Kindererziehung. Dort Kapital zu investieren ist deswegen sinnvoll, weil es in diesem Bereich immer um die Förderung von Menschen geht. Eine solche Investition ist eine reine Schenkung, sie setzt keine schon erbrachte Gegenleistung voraus, sondern sie macht sie erst für die Zukunft möglich.

Die andere Richtung, in der das für die Wirtschaft überschüssige Kapital investiert werden kann, ist die entgegengesetzte. Statt Menschen zu fördern, will der Kapitalbesitzer in diesem Fall nur sein Geld weiter vermehren. Statt das Geld – im Hinblick auf seine Entwertung – der Pflege der Kultur zur Verfügung zu stellen, versucht er umgekehrt – im Hinblick auf seine Aufwertung –, es wieder in den Wirtschaftsprozess einzubringen.

Eine solche Aufwertung kann aber nur durch Ausbeutung des Wirtschaftsprozesses selbst geschehen, denn dieses Kapital muss zwei Zerstörungsprozesse in Gang setzen: Zum einen wird die Wirtschaft zur ununterbrochenen und von den Bedürfnissen der Menschen abgekoppelten Produktionssteigerung gezwungen, was unter anderem verheerende Folgen für die Umwelt haben muss; zum anderen müssen für die zwangsgesteigerte Produktion immer neue Absatzmärkte geschaffen werden.

Dies geschieht zum Beispiel dadurch, dass mit Hilfe des Staatsapparates der Wirtschaftsprozess in anderen Ländern durch Finanzierung von kleineren oder größeren Kriegen zwecks «Wiederaufbau» zerstört wird. Waffenhandel und Rüstung machen nicht zufällig einen großen Teil der Weltwirtschaft aus. Auch massive Werbekampagnen erhalten zunehmend durch den Vermarktungsdruck die Züge eines Krieges.

Solange das Kapital eines Unternehmens nur Zins erzeugt – Gewinn in Form von Geldprofit als Folge der Produktivität durch Arbeitsteilung –, ist das ein Nachweis seiner Gesundheit. Es bringt nicht nur das Nötigste für das eigene Fortbestehen hervor, sondern ein Mehr, das der Allgemeinheit zugutekommen kann. Das ist der bekannte Marx'sche «Mehrwert».

Die Lage kehrt sich aber völlig um, wenn dieser Geldgewinn so hoch wird, dass er nicht mehr oder nicht mehr ganz vom wirtschaftlichen Prozess verbraucht werden kann. Nicht der Zins, sondern erst der Zinseszins verursacht also das zweifache Verhängnis, von dem gerade die Rede war. Wenn der Zinseszins nicht den oben erwähnten Verbraucherberufen geschenkt wird, übt er unvermeidlich eine zerstörerische Macht aus.

Der Übergang vom zweckdienlichen Zins zur Tyrannei des Zinseszinses hat sich zum großen Teil im Laufe des 20. Jahrhunderts vollzogen. Aus der Marktwirtschaft – einer Wirtschaft der Entsprechung von Herstellung und Verbrauch – wurde eine Scheinmarktwirtschaft. Und erst diese kann im engeren Sinne Geldwirtschaft genannt werden.

So wie der Zins die Lebendigkeit des Wirtschaftsprozesses aufrechterhält, so verursacht der Zinseszins beim

Fehlen einer Kultur der Schenkung nichts als Zerstörung. Der menschenfeindliche Zweck dieser Zerstörung ist die Rettung des «freigewordenen» Kapitals, weil dieses erst in dem durch die Zerstörung selbst notwendig gemachten «Wiederaufbau» neu investiert werden kann. Dadurch wird der Anschein erweckt, es erziele immer weitere Gewinne.

Frage: Aber das sogenannte «Venture-Capital», das Risikokapital, ist doch auch immer Zinseszins. Und trotzdem hat es schon vielen Firmen in wirtschaftlichen Schwierigkeiten geholfen. Ist es nicht so, dass Ausbeutung und Zerstörung in vielen Fällen durch scheinbares Wachstum verdeckt werden?

Die Tatsache, dass das Venture-Capital vielen Firmen hilft, bedeutet noch nicht, dass es die beste Form der Hilfe ist. Mit demselben Argument könnte eine Rüstungsfirma ihre Existenz damit rechtfertigen, dass sie vielen Menschen «hilft», weil sie ihnen eine entlohnte Arbeit bietet. Dabei bleibt die Frage, ob es für die Allgemeinheit nicht besser wäre, wenn diese Menschen eine andere Beschäftigung hätten, wenn ihnen auf eine andere Weise geholfen würde.

Im Rückblick auf das 20. Jahrhundert können wir feststellen: An seinem Anfang war das Kapital der Westländer in der Bildung des Zinseszinses viel weiter fortgeschritten als das von Mitteleuropa. Wirtschaftlich gesehen hatte die Zerstörung Mitteleuropas durch den Ersten Weltkrieg im Wesentlichen die Wirkung, dass sie die Konkurrenz des «Made in Germany» ausschaltete und dem westlichen Handelskapital neue Wege eröffnete.

Heute ist diese Konkurrenz noch viel bedrohlicher geworden, weil auf beiden Seiten – und auch zum Beispiel in Japan – Berge von Zinseszinskapital angehäuft sind, in denen sich die Erwartungen und Ansprüche von sehr vielen Menschen zusammenballen, die nur durch ein noch stärkeres Zwangswachstum oder durch noch verheerendere Zerstörungen erfüllt werden können. Ein Symptom für diese neue Lage ist die Tatsache, dass die *Frankfurter Allgemeine Zeitung* neulich das Ressort «Finanzmarkt» aus dem Wirtschaftsteil herausgenommen und verselbstständigt hat. Plötzlich stehen Finanzwelt und Wirtschaft als zwei getrennte Welten da.

Die übermäßige Kapitalbildung durch das Leihen – und durch das Sparen, das die Voraussetzung des Leihens darstellt – hat inzwischen äußerst bedrohliche Formen angenommen. Man braucht sich nur bewusst zu machen, was das Geld anrichtet, wenn es nicht zwecks seiner Entwertung wieder in den Wirtschaftsprozess hineingebracht oder den kulturellen Berufen in Form von Schenkung zur Verfügung gestellt wird, sondern stattdessen auf der Börse landet, mit dem Anspruch, sich zu vermehren. Es verselbstständigt sich und führt, bildlich gesprochen, zu chronischen Krankheiten im sozialen Organismus. Es staut sich in Form von Grundbesitz; es staut sich in Form von Privateigentum an Produktionsmitteln; es staut sich in Form von Spekulationskapital, mit dem wenige Mächtige ihr Lottospiel über das Los der vielen Ohnmächtigen betreiben. Der Begriff «Kasinokapitalismus» trifft diesen Sachverhalt genau.

Besonders verhängnisvoll wird es für Mensch und Umwelt, wenn der Überschuss an Kapital als Folge des erzwungenen Wirtschaftswachstums dazu dient, zu einer widernatürlichen Steigerung des Verbrauchs zu nötigen. Menschen der gegenwärtigen Generation verbrauchen dann auch das, was erst den folgenden Generationen dienen sollte. Urwälder werden ausgerodet, Grundwasser und Luft werden vergiftet, Ölreserven werden ausgeplündert – und den künftigen Generationen wird so die Lebensgrundlage weitgehend entzogen.

Die Gesundheit der Geldwirtschaft kann nur aufrechterhalten werden, wenn dort, wo die Grenze des materiellen Verbrauchs erreicht wird, das überschüssige Kapital nicht zur Geldvermehrung, sondern zur Förderung des Menschen mit seinen vielfältigen Fähigkeiten eingesetzt wird, das heißt für die kulturelle, wissenschaftliche und künstlerische Produktivität. Dazu gehört auch, dass es immer mehr Menschen erlaubt sein muss, in Bezug auf die materiellen Bedürfnisse reine Verbraucher zu sein, also wenig oder nichts zum realwirtschaftlichen Prozess beitragen zu dürfen. Nur unter solchen Bedingungen können sie im kulturellen Bereich wahrhaft schöpferisch sein.

Frage: Das klingt ja so, als wenn die einen sich auf die faule Haut legen dürfen, ja sogar sollen, während die anderen sich wie bisher abrackern müssen.

So ist das nicht gemeint. Das Problem liegt darin, dass wir heute fast nur starre, festgeprägte Berufe kennen, in dem Sinne, dass jeder nur einen einzigen Beruf ausüben kann.

Aber für die rein mechanischen Arbeiten wird der Mensch immer mehr durch Maschinen ersetzt. Die Informationstechnologie und die Globalisierung beschleunigen diese Entwicklung. Deshalb werden sich die Menschen in der Zukunft immer weniger «abrackern» müssen und immer mehr Zeit haben, um sich schöpferisch in Kunst und Kultur zu betätigen, um ihre geistige Entwicklung in vollen Zügen zu genießen.

Die geistige Produktivität der Menschen kann niemals eine Erkrankung des sozialen Organismus verursachen, weil sie keine Grenzen kennt. Dies ermöglicht zum Beispiel allen Lehrenden als reine Verbraucher des in der Vergangenheit Erwirtschafteten zu leben, um im Unterricht bei den Kindern den Geist als Keim für die «Gewinne» der Zukunft zu pflegen. «Reine Verbraucher» heißt: Sie brauchen nichts zu erwerben, ihre Aufgabe ist es, die Fähigkeiten, die in der jungen Generation aufsprießen, so zu pflegen, dass sie der Menschheit neue Entwicklungsmöglichkeiten schaffen.

Man kann sich kaum eine Verwendung für überschüssiges Geld vorstellen, die dem Geldgeber mehr Freude bringen kann als diese. Was macht stattdessen die heutige Wirtschaft? Sie steigert den materiellen Verbrauch ins Unendliche, ja ins Wahnsinnige. Durch die Zerstörung der Umwelt verschlingen die Menschen ihre Zukunft, sie entziehen dem Geist der heranwachsenden Generation die Grundlage für seine Entwicklung, statt menschenfreundlich den gegenwärtigen Verbrauch einzuschränken, um dem Menschen als schöpferischem Geist eine hoffnungsvolle Zukunft zu eröffnen.

Die einzige Alternative ist, zugunsten der kulturellen Produktivität eine fortlaufende und organische Entwertung des überschüssigen Kapitals anzustreben. Das ist der Sinn der Schenkung: Diese muss mehr und mehr das halbherzige Leihen ablösen, wenn wir nicht in immer neue Katastrophen hineinstürzen wollen.

Der menschliche Erfindungsgeist hat während der letzten zweihundert Jahre die heutige Wirtschaftsform zustande gebracht. Ohne seine Erfindungsgabe, ohne seine atemberaubenden Entdeckungen wäre die moderne Technik nicht möglich gewesen. Ohne diesen Geist hätten wir den jetzigen Wohlstand nie erreichen können. Aber diese Erfindungsgabe hat eine einseitig materialistische Kultur hervorgebracht, in der das Geld und nicht der Mensch im Vordergrund steht. Die Kehrseite der Medaille ist auch, dass deshalb in vielen Ländern, insbesondere den ehemaligen Kolonien, große Armut herrscht.

Das Geld wird nur dann aufhören, die Welt zu regieren und die Menschen zu knechten, wenn wir lernen, es vom Herrscher zum Diener zu machen. In der heutigen Wirtschaft sind Menschen gefragt, denen der Fortschritt des ganzen Menschen – seines Körpers, seiner Seele und seines Geistes – mehr Freude bereitet als ein einseitig materieller Wohlstand, der auf der Zerstörung der Umwelt und auf der Hungersnot von vielen hundert Millionen Menschen beruht.

4. Von der Geld-
zur Fähigkeitenwirtschaft

Welche Dienste ein Unternehmen auch immer anzubie-
ten hat, es ist nicht sein Geldkapital, sondern es sind die
menschlichen Begabungen, die seine Produktivität garantieren. Die Fähigkeiten der Menschen sind das Einzige,
worauf man auf Dauer bauen kann. Zu den Begabungen
gehören an erster Stelle die innovativen Ideen.

Auch die kontinuierliche Fortbildung des Personals
eines Unternehmens gehört zu den gewinnträchtigsten Investitionen, weil sie der Pflege der Begabungen dient. Ein
Mensch kann ein ganzes Leben lernen, er kann seine Fähigkeiten immer mehr ausweiten und vertiefen. Das Betriebs-
kapital wirkt nur in dem Maße profitabel, in dem es in den
Dienst der menschlichen Fähigkeiten gestellt wird.

Es ist schwierig, die ganz individuellen Begabungen der
Menschen zu erkennen und zu fördern, wenn die Zahl der
Mitarbeitenden in einem Unternehmen so groß wird, dass
alles unpersönlich, unüberschaubar wird. Selbst die größten Unternehmen können auf Dauer nur gedeihen, wenn sie
in kleine Einheiten untergliedert werden, in denen der Umgang der Menschen miteinander wieder auf der Grundlage
der erkannten und anerkannten individuellen Fähigkeiten
möglich bleibt. Die unmittelbar und persönlich erlebte gegenseitige Förderung ist es, die Menschen am stärksten
motiviert, ihr Bestes zu geben. Wenn ein Unternehmer sich
aufs Ruhekissen legt, nur weil beachtliche Geldgewinne erzielt worden sind, so wiegt er sich in einer Illusion, denn

innerhalb kürzester Zeit kann sich die Lage auf dem Weltmarkt völlig verändern.

Mehrere tausend Firmen, kleinere und mittlere, gehen allein in Deutschland jedes Jahr in Konkurs. Bei vielen liegt es unter anderem an der Vorstellung, Geld wäre das Wichtigste. Schnellen Geldprofit zu erwirtschaften ist ohne Zweifel viel leichter, als Talente zu fördern, und deshalb ist Letzteres auch kurzfristig weniger gewinnbringend, aber eben nur kurzfristig.

Eine wahrhaft moderne und fortschrittliche Wirtschaft wird immer in die Fähigkeiten der Menschen investieren wollen. Über viele Fähigkeiten und zunächst über wenig Geld zu verfügen, ist wirtschaftlich viel aussichtsreicher als viel Geld zu besitzen und wenige Begabungen zur Verfügung zu haben. Im ersten Fall wird sich auch das Geld rasch vermehren können, im zweiten Fall wird es dagegen schnell aufgebraucht. Die Zukunft liegt dort, wo Kredit und Glaubwürdigkeit nicht auf Geld, sondern auf Menschen bezogen werden.

Frage: Läuft dieses Konzept auf Beleihungswirtschaft hinaus?

Nein, denn die Beleihungswirtschaft gehört heute voll und ganz zu einer Geldwirtschaft, die immer wackliger wird. Ein Beispiel ist die französische Staatswirtschaft: Anderthalb Jahrhunderte wurde sie vorwiegend auf Beleihung gebaut. Man hat ganzen Nationen Unsummen von Geld geliehen im Hinblick darauf, es mit Zinsen vermehrt zurückzubekommen, ganz unabhängig davon, ob damit Begabungen gefördert wurden oder nicht. Ein solcher Vorgang bleibt schon allein wegen seiner Größenordnung wirklichkeitsfremd, er hat ausschließlich die Vermehrung des Geldes zum Ziel. Ein Auge für die Förderung von konkreten, individuellen Begabungen zu entwickeln ist etwas anderes, als sein Geld nur mit dem Zweck zu verleihen, es vermehrt zurückzubekommen.

Frage: Und die Beleihung von Begabungen?

Bei Begabungen ist der Begriff «Beleihung» missverständlich, im Grunde genommen fehl am Platz. Wenn ich Begabungen finanziell unterstützen will, dann muss ich eine grundsätzliche Entscheidung treffen: Investiere ich mein Geld dort, wo ich hoffe, am meisten davon zurückzubekommen, ganz unabhängig von dem Gebrauch, den die Schuldner davon machen – oder geht es mir in erster Linie darum, Menschen zu fördern, ihnen für die Ausbildung ihrer konkreten Fähigkeiten Geld zu leihen, auch wenn ich unter Umständen später weniger Geld zurückerhalte?

Frage: Kann man auch ohne Geld ein Talent unterstützen?

Wirtschaftlich gesehen ist das nicht möglich. Natürlich kann ich eine Begabung durch Liebe oder Wohlwollen ganz wesentlich unterstützen. Ich kann sie auch mit meinem inbrünstigen Beten fördern. Aber Liebe ohne Geld ist in der heutigen Geldwirtschaft wie eine Lunge ohne Luft. Wenn Liebe mit Klugheit gepaart ist, wird sie auch die Begabung haben, bei sich und bei anderen das nötige Geld «lockerzumachen».

Die grundsätzliche Frage bleibt, ob beim Verleihen das Geld nur ein Mittel oder die Hauptsache ist. Das kann jeder Gläubiger nur für sich beantworten. Wenn das Geld wirklich und ehrlich als Mittel zur Förderung von individuellen Begabungen eingesetzt wird, bekommt jedes Leihen mindestens teilweise den Charakter einer Schenkung. Erst eine weitverbreitete Freude am Schenken kann dazu führen, dass die Menschen die quälende Sorge um das Geld überwinden. Es geht ganz einfach darum, mit Geld die Fähigkeiten von ganz konkreten Menschen im Hinblick auf ihre immer weitere Ausreifung zu fördern. Natürlich ist es nicht leicht, konkrete oder gar nur ansatzweise vorhandene Begabungen ausfindig zu machen, wenn unser Blick immer noch fast ausschließlich auf Geldvermehrung fixiert ist.

Frage: Was ist, wenn Begabungen und Talente in der Wirtschaft missbraucht werden?

Selbstverständlich ist das auch möglich. Jede Begabung gehört zur Freiheit des Menschen. Man kann sie sinnvoll einsetzen, aber man kann sie auch missbrauchen. Die Grundregel des heutigen Wettbewerbs lautet: Dein Vorteil ist mein Nachteil, dein Nachteil ist mein Vorteil. Das heißt, jeder kann seine Begabungen auch dafür einsetzen, anderen zu schaden, statt sie zu fördern. Diese negative Möglichkeit muss vorhanden sein, wenn wir in Freiheit leben wollen. Aber ist denn ein Mensch, der sich ständig reinlegen lässt, ein besonders begabter Mensch? Zur Pflege der Begabungen gehört eben auch, dass man lernt, sich nicht ständig manipulieren zu lassen.

Die Menschheit als Organismus

Frage: *Sie haben auf das Bild des Organismus hingewiesen*
und den Umlauf des Geldes mit dem Blutkreislauf
verglichen. Ist das nur als Bild gemeint, oder mei-
nen Sie damit, dass die Wirtschaft und die mensch-
liche Gesellschaft sich in der Tat wie ein einziger
Körper verhalten?

Das soziale Miteinander funktioniert tatsächlich wie ein Organismus. Nur kann man das genauso wenig beweisen, wie
man zum Beispiel beweisen kann, dass es die Nordsee gibt.
Tatsachen kann man nur nachweisen, man kann auf sie hinweisen, aber man kann sie niemals abstrakt beweisen. Wir
können versuchen, auf einige Tatsachen hinzuweisen, und
jeder kann dann selbst entscheiden, ob ihn der Vergleich mit
dem Organismus überzeugt oder nicht.

Nehmen wir zum Beispiel Bodo Schäfers Buch *Der Weg*
zur finanziellen Freiheit, das in Deutschland gerade Furore
macht. Es ist glänzend geschrieben, aber den Inhalt finde
ich sehr beschränkt, weil nur vom rücksichtslosen Individuum die Rede ist, das so viel Geld wie möglich machen
will. Dabei geht der Blick auf das Ganze völlig verloren.
Und dieses Ganze ist es, was mit dem Bild des Organismus
gemeint ist. Die Folgen von Bodo Schäfers Empfehlungen,
die Konsequenzen für die Gesamtmenschheit und für die
Umwelt werden völlig ausgeblendet. So wird auch die Tatsache ignoriert, dass sein rücksichtsloser Turbokapitalis-
mus nur für einen ganz kleinen Teil der Bevölkerung rea-

lisierbar ist, und zwar auf Kosten der anderen, deren Lage durch diesen Prozess nur schlimmer wird.

Was Bodo Schäfer über seine Beispielfiguren Claus Clever und Toni Zocker schreibt, enthüllt seine Verachtung für jene Mehrheit der Menschen, die Toni Zocker repräsentieren soll. Als ob nur die Dummheit der Armen für ihre Armut verantwortlich wäre, nicht aber die Ausbeutung vonseiten der Mächtigen und Reichen! In dieser naiven Grundeinstellung zeigt der Kapitalismus nicht nur seine elitäre Haltung – im Kampf ums Dasein sollen angeblich nur die Stärkeren überleben können –, sondern auch sein antidemokratisches, durch und durch totalitäres Gesicht.

Der Untertitel von Bodo Schäfers Buch heißt: «In sieben Jahren die erste Million». Stellen wir uns vor, auch nur ein Achtel der Leute in Deutschland wäre vor sieben Jahren dem Rat gefolgt, den er als für alle gültig hinstellt. Dann hätten wir heute 10 Millionen Menschen in Deutschland, die zusammen 10 000 Milliarden Euro besitzen – wohlgemerkt, nicht 10, sondern 10 000 Milliarden Euro! Und welche Ansprüche würden diese Menschen mit dieser Geldsumme geltend machen? Stellt sich Bodo Schäfer wirklich vor, dass die anderen 70 Millionen Menschen nur dazu da wären, um bescheiden und opferungsvoll diese Ansprüche zu erfüllen?

Mit dem Hinweis auf den Organismus will man im Gegensatz zu dieser Denkweise klarmachen, dass die Menschen nicht wie Teile einer Maschine zueinanderstehen, sondern wie die Glieder eines Lebewesens. Wenn ein Teil einer Maschine beschädigt ist, kann es ausgetauscht werden und die Maschine ist wieder in Ordnung, weil die Teile nicht in dem Sinne aufeinander einwirken können, dass der Schaden eines Teiles sich auf alle anderen überträgt.

Genau das geschieht aber in einem Organismus: Wird ein Organ krank, so wird der ganze Körper krank. Deswegen müssen wir in diesem Fall von Gliedern und nicht von Teilen reden. Eine Maschine ist teilbar, ein Lebewesen ist unteilbar. Menschen wirken nicht nur äußerlich und mechanisch wie Maschinenteile aufeinander, sondern vor allem innerlich und organisch, eben wie in einem Organismus alle Glieder aufeinanderwirken. Die Begabungen eines Menschen wirken auf andere Menschen, wie ein Organ auf andere Organe wirkt.

Noch unmenschlicher und brutaler wird es, wenn Menschen nicht nur mit Maschinen, sondern mit Tieren verglichen werden. Der Darwinismus ist auf dem besten Wege, von einer Evolutionstheorie zur allgemeinen Lebenspraxis zu werden. Denn was gibt es schon daran zu kritisieren, wenn ein Löwe ein kleineres Tier frisst? Es liegt in seiner Natur, in seinem Instinkt, sich so zu verhalten, er kann nicht anders. Gegen die Weisheit der Natur ist nichts einzuwenden. Und was spricht dagegen, dass unter den Menschen der Mächtigere, der Löwenmensch, den Schwächeren schluckt? Liegt es nicht genauso in seinem Instinkt, in seiner Natur, sich so zu verhalten?

Beitrag: Aber Menschen sind doch keine Tiere! Die Schwächeren haben doch auch ein Recht auf menschenwürdiges Leben!

Damit sprechen Sie sicherlich vielen aus dem Herzen. Aber diese Antwort würde ich nur gelten lassen, wenn unser Thema die menschliche Moral, die Ethik wäre. Vom wirtschaftlichen Standpunkt aus gesehen, bringt diese schöne Moral, solange sie nicht zu Taten führt, absolut nichts. Denn was können Sie schon erwidern, wenn der andere, der Löwenmensch, Ihnen sagt: «Deine ganz persönliche Ethik, dein moralischer Geschmack, sieht es vielleicht als ungerecht an, wie ich mich dem Schwächeren gegenüber verhalte. Ich respektiere deine Meinung, aber ich muss sie nicht teilen. Ich lasse deinen Geschmack gelten, aber ich habe einen ganz anderen. Ich finde nichts, was dagegen spricht, dass der Stärkere den Schwächeren für seine Zwecke benutzt.»

Beitrag: Das darf doch nicht sein!

Sie sagen, das darf nicht sein, aber die Tatsachen sagen, dass es vielfach so ist. Doch gerade Ihre Empörung ist der Nachweis – nicht bloß der theoretische Beweis –, dass es immer noch Menschen gibt, die sich zueinander wie die Glieder eines Organismus verhalten. Das kleinere Tier, das vom Löwen gefressen wird, hat weder die Möglichkeit, seine Behandlung als ungerecht zu empfinden, noch die Möglichkeit, sich dagegen zu wehren. Auch die anderen Tiere stehen ihm nicht gegen den Löwen bei. Das eine Tier dient dem anderen einfach als «Lebensmittel», also als Mittel zum Zweck.

Das ist aber bei Menschen nicht der Fall, und zwar nicht deswegen, weil eine abstrakte moralische Theorie predigt, dass es ungerecht sei, wenn einer den anderen ausbeutet. Es ist deshalb nicht der Fall, weil es immer genug Menschen gegeben hat, die Ausbeutung als Ungerechtigkeit empfinden und Gegenmaßnahmen nicht nur treffen können, sondern auch wirklich treffen. Wenn ein Tier vom Löwen gefressen wird, regt sich keine «Empörung» bei den anderen Tieren. Aber gerade das geschieht zum Glück noch bei vielen Menschen. Sie fühlen sich solidarisch mit dem Opfer der Macht und sie tun etwas, um ihm zu helfen.

Natürlich haben die Menschen auch die Freiheit, ihre angeborene Solidarität miteinander verkümmern zu lassen. Wenn sie aber vorhanden ist, ist diese Solidarität durchaus damit vergleichbar, wie alle Organe in einem Organismus reagieren, wenn eines von ihnen geschädigt wird: Sie schalten alle auf «Verteidigung», auf Heilung des geschädigten Organs. Denn sie gehören alle zusammen, sie können sich nicht heraushalten und nur zuschauen. Wenn ein Organ krank ist, sind sie alle krank.

Wenn wir den Vergleich mit dem Lebensorganismus als methodischen Leitfaden für ein tieferes Verständnis des sozialen Organismus im Allgemeinen und der Wirtschaft im Besonderen verwenden, können wir gleich zwei Eigenschaften des Organischen hervorheben, die auch in der wirtschaftlichen Welt ihre Gültigkeit haben.

Die erste ist die gerade erwähnte gegenseitige Hilfe aller Organe oder, wirtschaftlich ausgedrückt, das Streben nach dem höchsten Gewinn für alle. Die zweite sind die sich ständig wiederholenden Rhythmen, die das Leben jedes Organismus kennzeichnen. Jeder Rhythmus kann nur durch eine sich wiederholende Umkehrung stattfinden. Wir haben im Leben nicht nur die einmalige Umkehrung des Wachstums der Jugend in ein Absterben im Alter, sondern täglich eine Umkehrung der Aufnahme aller «Lebensmittel» durch Ernährung in ihre vollständige Verzehrung und Vernichtung, die einem restlosen Verbrauch gleichkommt.

Das Wirtschaftsleben wird krank, wenn es gegen diese zwei Grundregeln allen Lebens verstößt. Es bleibt in dem Maße gesund, in dem der Gewinn für alle dadurch ermöglicht wird, dass kein «unverdautes» Geld entsteht, das durch Ablagerung in den Börsen den Wirtschaftsorganismus erkranken lässt.

Zur Gesundheit eines Körpers gehört, dass sein Gewicht einigermaßen konstant bleibt. Genauso gehört es zur Gesundheit einer Volkswirtschaft, dass das sogenannte «Bruttoinlandsprodukt» auch konstant bleibt in dem Sinne, dass alles Geld und alle Waren, die erzeugt werden, auch so schnell wie möglich wieder verbraucht werden. Ein erzwungener Zuwachs des Bruttoinlandsproduktes muss der Wirtschaft einen ähnlichen Schaden zufügen wie bei einem Organismus, der gezwungen wird, jedes Jahr soundso viele Kilos zuzunehmen. Die überschüssige Kapitalbildung, die sich nur vermehren will, wirkt wie eine Fettbildung im Körper, wodurch sich der Mensch zugrunderichtet.

5. Eine neue Wirtschaftsform und viele Fragen

Die fortschreitende Globalisierung führt dazu, dass die früher national begrenzten Wirtschaftseinheiten sich immer mehr zu einer organischen Einheit über die ganze Erde zusammenschließen. Die Informationsrevolution, der digitale Handel und die Biotechnologien tragen zur Entwicklung einer einheitlichen Weltwirtschaft bei.

Aber das Denken der Menschen tut sich schwer, mit dieser Weiterentwicklung Schritt zu halten. Die Wirtschaft ist zur Weltwirtschaft geworden, aber das Denken ist weitgehend auf der Stufe der Nationalwirtschaft zurückgeblieben. Dies gilt ganz besonders für diejenigen Politiker, die trotz Globalisierung und Weltwirtschaft immer noch mit rührender Unverfrorenheit von nationalen Interessen reden. Ein solches Reden bliebe vielleicht noch harmlos, wenn nicht danach gehandelt würde. Es wird aber höchst brisant, wenn ein mächtigerer Staat gegen einen schwächeren ins Feld zieht. Und der Irakkrieg ist gewiss kein Einzelfall.

Nationale Interessen oder globalisierte Wirtschaft?

Es gibt zwei Arten der Beziehung zwischen Politik und Wirtschaft. Die eine besteht darin, dass die Politik zum Werkzeug einer national ausgerichteten Wirtschaft gemacht wird. Die andere zeigt sich dort, wo der Staat sich dagegen wehrt, zum Werkzeug der mächtigsten Unternehmer zu werden.

Aber diese können heute zunehmend – vor allem durch die Globalisierung – den Staat umgehen oder entmachten.

Wie können aber internationale Unternehmen, die sogenannten Global Players, trotzdem nationale Interessen verfolgen?

Um diese Frage zu beantworten, muss man sich die Ansprüche der Menschen anschauen, die das große Geld besitzen, zum Beispiel die Großaktionäre, die gigantische Fusionen herbeiführen. Von ihnen bekommen die Unternehmen ihr Geld. Und es ist eine Tatsache, dass diese Geldmächtigen nicht in allen Nationen gleichmäßig verteilt leben, sondern in wenigen Nationen zusammengeballt sind, allen voran in den USA. Auf diese Weise können die Interessen der Mächtigsten als nationale Interessen vorgetäuscht werden. Staat und Wirtschaft hören dann im Grunde genommen auf, zwei verschiedene Wirklichkeiten zu sein.

Die große Herausforderung der Zukunft liegt darin, der Weltwirtschaft Rechnung zu tragen. Dies kann nur dadurch geschehen, dass die ganze Menschheit von jedem einzelnen Menschen als einziger Organismus gesehen und erlebt wird. Die Existenz der Weltwirtschaft ist der Nachweis dafür, dass alle Menschen eine unteilbare Einheit bilden. Es ist illusorisch, zu denken, es könnten im Organismus der Menschheit gewisse Menschengruppen auf Kosten von anderen sich Vorteile verschaffen. Die Benachteiligten werden sich dagegen wehren, auch wenn diese Gegenwehr sich über Jahrhunderte erstrecken muss.

Die Vorteile der Globalisierung müssen allen Menschen auf gleiche Weise zugutekommen. Die Bemühungen von

Michail Gorbatschow gingen und gehen in diese Richtung, aber eben aus diesem Grund findet er in der Weltpresse nur wenig Beachtung. Auch Al Gore hat Anfang der 90er-Jahre ein Buch mit dem Titel *Earth in the Balance* veröffentlicht, in dem er unter anderem auf die Verantwortung Amerikas für die gesamte Umwelt hinweist. Es geht nicht an, meint Gore, dass ein kleiner Teil der Menschheit Raubbau treibt mit den Ressourcen der Erde, die für alle Menschen sind – und nicht nur für alle jetzt lebenden, sondern auch für deren Kinder und Enkelkinder. Nach der Lektüre dieses Buches habe ich mich gefragt, ob diesen Worten auch Taten folgen würden. Aber bis jetzt fand ich nur einen Kommentar in der Zeitschrift *The Economist,* in dem angedeutet wurde, dass Al Gore durch dieses Buch seine politische Karriere gefährden könnte. Er hatte gerade zu diesem Zeitpunkt seine Kandidatur zur Präsidentschaft der USA angekündigt.

Das oberste Dogma der Macht besagt, dass es in der Welt Gewinner und Verlierer geben muss. Der Kerngedanke der Menschlichkeit – dass alle Gewinner sein können – wird von der Macht als weltfremder Idealismus abgetan. Im Kampf ums Dasein können sich angeblich nur die Stärkeren behaupten. Das Ziel ist, so argumentiert das Machtdenken, das höchstmögliche Glück für die größtmögliche Zahl von Menschen.

Dieser Gedanke ist aber vom Gesichtspunkt eines organischen Denkens her gesehen der reinste Unsinn. Denn die «größtmögliche Zahl» der Menschen schließt notwendigerweise einen Teil der Menschen aus. Dies ist genauso sinnlos wie zu behaupten, die Gesundheit des Organismus bestehe im Wohlbefinden der «größtmöglichen Zahl» seiner Organe. Nein, ein Organismus kann nur dann gesund sein, wenn alle Glieder ohne Ausnahme gesund sind!

Hier stellt sich aber erneut die Frage, ob der Einzelne der Macht gegenüber wirklich ohnmächtig ist. Die Antwort auf diese Frage ist für die Weltwirtschaft von entscheidender Bedeutung. Und die einzig vernünftige Antwort lautet: Die Art und Weise, wie der Einzelne mit seinem Geld umgeht, ist entscheidend für die Macht, die das Geld in der Menschheit entfaltet. Selbst die mächtigste Geldkonzentration ist nur das Ergebnis der Geldentscheidungen von Millionen von Kleinanlegern und Konsumenten. Geld ist Sache der Quantität, nicht der Qualität, und jede Quantität setzt sich aus kleinen Einheiten zusammen.

Stellen wir uns einmal vor, jeder Mensch in Deutschland würde am heutigen Tag den Menschen um sich herum 5 Euro geben, und nicht durch Sparen der Bank oder der Börse. Dann hätten die Geldmächtigen an einem einzigen Tag und in einem einzigen Land 400 Millionen Euro weniger zur Verfügung! Und ist es nicht jedem von uns durchaus möglich, 5 Euro in der einen oder anderen Richtung zu verwenden? Jeder von uns hat die Möglichkeit, die zerstörerische Macht des Geldes zu brechen, wenn er den Mut aufbringt, bei 5 Euro anzufangen. Aber nur dann!

Frage: Aber heute kann doch kein Mensch ohne Geldrücklagen leben. Deshalb finde ich Ihren Vorschlag völlig unrealistisch. Nehmen wir an, jemand will

*in Urlaub fahren und braucht Geld; soll er dann
etwa das Geld nicht vom Konto abheben, sondern
darauf warten, dass es vom Himmel fällt?*

Nein, es fällt für keinen Menschen vom Himmel. Die, deren Kontostand hoch genug ist, werden das Geld weiterhin vom Konto abheben. Aber uns interessieren jetzt vor allem die Leute, deren Konto fast oder ganz leer ist. In unserem Zusammenhang ist die Frage wichtig: Woran liegt es, dass vor allem junge Familien heute einfach keine finanziellen Rücklagen bilden können? Wo liegen die Ursachen dieses Phänomens? Warum haben so viele Leute so wenig Geld?

Das bloße Entlarven oder Anklagen der Geldmächtigen oder -gierigen bleibt unfruchtbar. Ein wichtiger Grund dafür ist, dass die immer bedrohlicher werdende Macht des Geldes zum großen Teil durch die Ersparnisse der Kleinanleger zustande kommt. Auf der Ebene der Kleinanleger kann etwas Entscheidendes geschehen.

Die Geschichte zeigt andererseits, dass das bloße Predigen der Pflicht kaum etwas bringt. Ein Sollen kann nur dann begrüßt werden, wenn es in der Natur des Menschen begründet ist. Der Mensch soll nur das, was ihn fördert, und das ist ohnehin dasjenige, was er will. Selbst das Gebot der Nächstenliebe hat nur einen Sinn, wenn die Nächstenliebe der Selbstliebe gleichermaßen zugutekommt. Es heißt ja auch: Liebe deinen Nächsten wie dich selbst.

Was den Umgang mit dem Geld angeht, will keiner etwas tun, bloß weil er es soll. Jeden interessiert, welche Art des Umgangs mit dem Geld ihn glücklich oder unglücklich macht. Und deshalb ist es auch wichtig, darauf hinzuweisen, dass Schaffensfreude glücklich macht wie kaum etwas anderes. Je mehr Geld für die Freude am Schaffen eingesetzt wird, desto schöner wird das Leben, desto glücklicher wird der Mensch. Auf diese Weise werden Selbstliebe und Nächstenliebe auf gleiche Weise gefördert.

Frage: Sie haben schon mehrmals in Ihren Ausführungen von der Freude am Schaffen gesprochen. Meinen Sie damit vielleicht Freude an der Arbeit?

Ich habe natürlich nichts gegen Arbeit, nur geht mir dieses Wort in einem Land wie Deutschland zu sehr in Richtung Pflicht. Ein begabter Mensch, der in seinem Element lebt und schafft, tut es nicht aus Pflicht, sondern aus reiner Begeisterung. Er nennt sein Schaffen auch nicht eine Arbeit.

Frage: Wie wäre es dann mit «Liebe zum Handeln»?

Der Ausdruck ist sehr schön, eigentlich noch schöner als Freude am Schaffen. Nur bin ich bei dem Wort «Liebe» über die Jahre immer vorsichtiger geworden. Ich habe es früher öfter gebraucht und dann festgestellt, dass viele sich darunter alles Mögliche vorstellen, nur nicht das, was ich damit gemeint habe.

Beitrag: Was man beim Spielen erlebt, scheint mir der Freude am Schaffen am nächsten zu kommen. Spielen ist einerseits schöpferisch, andererseits ist es nie bloß Mittel zum Zweck. Beim Spielen ist man ganz erfüllt und glücklich.

Die Erfahrungen, die man beim Spielen macht, kommen in der Tat der Erfahrung des schöpferischen Geistes, der menschlichen Schaffensfreude, am nächsten. Schiller führt in seinen *Briefen über die ästhetische Erziehung des Menschen* genau diesen Gedanken aus: Der Mensch ist im tiefsten Sinne Mensch, wenn er spielt. Er meint damit die Erfahrung der Freiheit, der inneren Bewegtheit und Beweglichkeit. Es ist der freie Raum zwischen zwei Notwendigkeiten, die er Natur- und Vernunftnotwendigkeit nennt.

Frage: Wie bringen Sie Nietzsches «Willen zur Macht» mit der Schaffensfreude in Zusammenhang? Ist es dasselbe, oder sehen Sie da Unterschiede?

Insoweit Nietzsches «Wille zur Macht» ein Ausdruck der Selbstliebe, des Strebens nach Selbstverwirklichung ist, ist dagegen nichts einzuwenden. Problematisch wird es, wenn dieser Wille die Förderung des anderen beeinträchtigt oder gar verhindert. Wenn dies geschieht, wird auch die Selbstliebe, die eigene «Macht», gefährdet, weil all diejenigen, die diese Macht zu spüren bekommen, sich dagegen wehren müssen. Sicherlich muss man auch kämpfen können, wenn gekämpft werden muss, aber das Leben besteht nicht nur aus Kampf. Unendlich vieles gedeiht nur durch die Gesinnung der gegenseitigen Hilfe. Diese ist für die allseitige Selbstverwirklichung viel wichtiger als der Kampf ums Dasein. Die zentrale Frage bleibt immer: Was macht den Menschen am meisten glücklich?

Beitrag: Das Wort «Glück» ist mir zu abgenutzt, ähn-

lich wie «Liebe». Ich denke eher an Selbstver-
wirklichung, innere Erfüllung oder Erfülltheit.
Auch die Erfahrungen von Künstlern sind
doch dem ähnlich, was Sie Freude am Schaffen
nennen. Es ist reines Glück, reine Liebe zum
Handeln, reine Selbstverwirklichung und zu-
gleich eine Bereicherung für die anderen. Das
beinhaltet doch alles, was ein Mensch sich wün-
schen kann.

Wer selbst die Erfahrung künstlerischen Schaffens gemacht
hat, wird mit Ihnen einverstanden sein. Nur wird Kunst oft
als ein Bereich des Lebens neben vielen anderen gesehen.
Schön wäre es, wenn immer mehr Menschen die Überzeugung hätten und vor allem die Erfahrung machen könnten,
dass jede auch kleinste Tätigkeit im Leben künstlerisch gestaltet werden kann. In jedem Handgriff kann der Mensch
sich wie ein erfindungsreicher Künstler erleben. Dies gilt
auch für alles, was im Wirtschaftsleben geschieht.

Frage: Ich kann diese Schaffensfreude schwer mit der Welt
der Wirtschaft in Verbindung bringen. Dort ist es
doch die Aussicht auf Gewinn, die einen antreibt.

Die wirtschaftliche Seite der Schaffensfreude ist nichts anderes als die «Gewinnfreude»! Das freie Schaffen kann
nur dann wirklich Freude machen, wenn man sieht, dass es
einen Gewinn, einen Vorteil bringt, aber eben einen Vorteil für alle. Anders könnte diese Freude gar nicht erlebt
werden. Wir müssen nur den Begriff des vollkommenen

Gewinns ernst nehmen, denn nur dieser kann die höchste Freude erzeugen. Und der Gewinn ist erst dann vollkommen, wenn er sowohl den Hersteller wie auch den Verbraucher beglückt. Was die höchste Schaffensfreude erzeugt, ist also im Wirtschaftsleben das Streben nach dem höchstmöglichen Vorteil oder Gewinn für alle.

Die wirtschaftliche Solidarität

Die real vorhandene globalisierte Wirtschaft ist der schlagende Beweis, dass die Menschheit insgesamt einen einzigen Organismus bildet. Die Gesetze der Wirtschaft haben die Menschheit zu jener unteilbaren Einheit geschmiedet, über die in der Theologie ewig theoretisiert wurde. Es ist deshalb dringend notwendig, dass die wirtschaftliche Vernunft sich dazu entschließt, den praktischen Anforderungen der Weltwirtschaft Rechnung zu tragen.

Die Arbeitsteilung verbilligt die Herstellung und in der Folge auch den Preis aller Waren. Diese von der Wirtschaft selbst geforderte und geförderte Solidarität zwischen Herstellern und Verbrauchern ist alles andere als ein blinder Zufall des Marktes. Die unerbittlich fortschreitende Arbeitsteilung, die Spezialisierung auf allen Gebieten erfordert, dass überall in der Wirtschaft die Vertreter von Herstellern, Verbrauchern und Händlern zusammenkommen, um ihre berechtigten Anliegen den Unwägbarkeiten des blinden Marktes zu entreißen und der menschlichen Vernunft anzuvertrauen. Diese drei Gruppen müssen sich zusammenschließen, müssen ihre Erfahrungen und gegenseitigen Forderungen austauschen, um zu gemeinsam getragenen wirtschaftlichen Maßnahmen zu kommen.

Nicht die Politiker, sondern allein die Wirtschaftenden – Verbraucher, Händler und Hersteller – haben die nötige Erfahrung, um wirtschaftliche Entscheidungen zu treffen.

Die Politik hat über allgemeingültige und dauerhafte Gesetze zu entscheiden. In der Wirtschaft geht es um das genaue Gegenteil: Da müssen ständig wechselnde Erfahrungen im Hinblick auf gemeinsame, aber befristete Entscheidungen oder Verträge zur Geltung gebracht werden. Der Wirtschaftsprozess befindet sich in ständiger Wandlung. Eine Ware, die bis gestern in Überfülle im Angebot war, kann heute knapp geworden sein, ein Preis, der bis gestern der richtige war, kann heute große Ungerechtigkeiten erzeugen.

In der Wirtschaft handelt es sich um Eingriffe in einen lebendigen Prozess, der in Rhythmen verläuft und Anpassungsfähigkeit erfordert. Wenn ich Hunger habe, muss ich meinen Magen füllen; wenn er voll ist, muss die Verdauung ihn wieder leeren. Das Gesetz alles Lebendigen ist, dass man immer wieder Entgegengesetztes zu tun hat. Und genauso ist es in der Wirtschaft. Auch dort geht es im Grunde genommen immer um Korrekturen: Ist der Preis einer Ware zu hoch, muss er nach unten korrigiert werden; ist er als Folge dieser Maßnahme zu niedrig geworden, wird er wieder nach oben angepasst. Wird die Zahl der Produzenten in einer Branche zu hoch, muss sie reduziert werden; ist sie zu niedrig geworden, muss sie wieder erhöht werden. Ist die

Kapitalbildung ungenügend für die nötigen Kredite, muss mehr Geld in Umlauf gebracht werden; ist mehr Geld vorhanden, als der Wirtschaftsprozess entwerten kann, müssen Maßnahmen getroffen werden, um das gesamte Geldvolumen zu reduzieren.

Wenn man bedenkt, wie viel «praktische Vernunft» für die gesunde Gestaltung und die ständige Umgestaltung der Wirtschaft erforderlich ist, kommt man unweigerlich zu dem Schluss, dass niemals die Vernunft eines Einzelnen diese Aufgabe bewältigen kann. Genauso schädlich wäre eine einseitige Solidarität der Hersteller unter sich oder der Verbraucher unter sich. Gerade weil in einer gesunden Wirtschaft die Anliegen der Produktion denen des Verbrauchs entgegengesetzt sein müssen, ist es notwendig, dass beide Seiten sich zum Ausgleich zusammenschließen, statt sich gegenseitig zu bekämpfen.

Das nie aufhörende Tauziehen zwischen Arbeitgebern und Arbeitnehmern ist wirtschaftlich unsinnig, weil jeder Mensch in vielerlei Hinsicht sowohl Hersteller oder Arbeitgeber als auch Verbraucher oder Arbeitnehmer ist. Die Erfahrung jedes einzelnen Menschen in der Wirtschaft kann nur einen kleinen Teilbereich umfassen. Spekulieren über den Gesamtbereich kann jeder, doch keiner kann bei der zunehmenden Komplexität der Weltwirtschaft in allen Bereichen aktuelle Erfahrungen machen. Der Wirtschaftsprozess kann also nur durch andauernde gemeinsame Beratungen und Beschlüsse auf lokaler und globaler Ebene gestaltet werden. Nur so kann echte Solidarität gewährleistet werden, wie sie in der Natur der modernen Arbeitsteilung liegt.

Eine wesentliche Aufgabe des Zusammenschlusses aller Wirtschaftenden ist die Regelung der Eigentumsfrage. Die wirtschaftliche Vernunft, das heißt die Vereinbarungen, welche die Vertreter der Verbraucher, der Hersteller und der Händler treffen, entscheidet auch, wem die Verwaltung der wirtschaftlichen Einheiten oder Betriebe anvertraut wird. Jeder Besitz, jedes sogenannte Privateigentum ist wirtschaftlich nur dann sinnvoll, wenn der Besitzer auch die wichtigste aller Fähigkeiten hat, nämlich die, dass er es im Sinne des allgemeinen Wohls verwalten kann und will. Es gehört zu den komplizierten, aber auch dringenden Aufgaben der modernen Wirtschaft, auf allen Ebenen geeignete Gremien zu finden, die den dafür begabten Menschen ausfindig machen und ihm die Verwaltung eines Wirtschaftsunternehmens anvertrauen. Ob man das dann Privat- oder Kollektiveigentum nennt, ist unwichtig.

Frage: Würde ein solches Gremium denn auch entscheiden, eine Firma zu schließen, wenn sie zum Beispiel Waffen produziert? Oder müsste man dann irgendetwas anderes finden, das sie produzieren kann?

Was die Sache kompliziert, ist die Tatsache, dass wir überhaupt von «Firma» sprechen. Eine Firma ist zunächst eine Abstraktion, real sind die einzelnen Menschen. Wenn ein Unternehmer zu seinen Leuten sagt: «Es ist für die Menschheit besser, wenn wir unsere Tätigkeit einstellen», ist damit nur gesagt, dass eine gewisse gemeinsame Tätigkeit aufhört. Aber alle beteiligten Menschen sind nach wie vor da. Und was ist das eigentlich, was wir gewöhnlich «Firma» nennen? Damit sind an erster Stelle nicht die Menschen gemeint, sondern dasjenige, was sie gemeinsam tun. Die Frage, welche neue Tätigkeit diese Menschen in Angriff nehmen werden, hat mit der alten Firma nichts zu tun, sie kann nur individuell beantwortet werden. Die neue Tätigkeit kann bei jedem eine ganz andere sein.

Die Frage der Existenzberechtigung einer Firma ist eine eminent wichtige, sie betrifft aber nicht direkt die einzelnen in ihr tätigen Menschen. Wenn eine Firma aufhört, Panzer herzustellen, dann hört sie als Firma auf. Wenn man meint, die Menschen, die in ihr gearbeitet haben, sollen weiterhin als Einheit zusammenwirken, sollen eine neue gemeinsame Aufgabe finden, so ist dieser «solidarische» Zusammenhalt nur unter der Voraussetzung möglich, dass das, was diese Menschen bisher miteinander verbunden hat, nur der Geldgewinn war.

Weil dieses Abstraktum nicht die Entfaltung der individuellen Begabungen der Mitarbeiter und auch nicht die Befriedigung der Bedürfnisse der Verbraucher in den Vordergrund stellt, ist es auch leichter, in jeder beliebigen Tätigkeit die «Solidarität» des Strebens nach Geldgewinn zu bewahren. Wenn dagegen den individuellen Begabungen und Bedürfnissen Vorrang gegeben wird, wird jeder ganz individuell die Entscheidung über seine neue Tätigkeit treffen wollen. Wenn die Menschen der alten Firma entscheiden, zusammen etwas Neues anzufangen, kann sich dies als sehr unpraktisch, wirtschaftlich nachteilig erweisen.

Es gibt genug Unternehmen, die das versucht haben und die unterschätzt haben, wie stark der einzelne Mensch sich bei einer solchen Neuausrichtung der Firma manipuliert fühlen kann. Der gesunde Menschenverstand sagt ihm: «Wenn unsere gemeinsame Tätigkeit aufhört, hört die alte Firma auf. Jetzt möchte ich für mich entscheiden, wie ich mich neu orientiere.» Das ist auch praktisch gedacht, aber das macht die Sache umso komplizierter, denn dann braucht jeder mehr Fantasie, um etwas Neues anzufangen.

Ein Neuanfang als geschlossene Gruppe würde es für manchen sicherlich leichter machen. Aber die individuellen Begabungen, die für die alte Firmentätigkeit geeignet waren, werden nicht automatisch auch für eine andere taugen. Die globalisierte Wirtschaft verlangt immer mehr Flexibilität, und Flexibilität heißt: Mut zu individuellen und differenzierten Entscheidungen. Zu diesem Mut wird man die Menschen von Kindheit an immer mehr erziehen müssen, zur Fähigkeit, sich im Leben immer wieder umzustellen und neu anzufangen.

6. Vertrauen in den Menschen ist besser

Viele denken, dass es im Leben das Wichtigste ist, so viel Geld wie möglich zu besitzen, auf jeden Fall genug für ein bequemes Leben, für ein möglichst langes Leben. Es muss auch genügend Geld vorhanden sein für alles, was einem passieren könnte – Unfall, Krankheit, Diebstahl, Feuer, Hagel –, man weiß ja nie.

Aber wie viel Geld braucht man denn für das alles? Man wird niemals genug Geld haben, weil die Dinge, für die man es benötigen könnte, schier unbegrenzt sind. Diese Haltung dem Geld gegenüber erzeugt also nicht nur ein unersättliches Streben nach Geldbesitz, sondern unweigerlich auch eine nie aufhörende Angst, die Angst, dass es irgendwann doch nicht genügen könnte, was man auf die hohe Kante gelegt hat. Man hat also nicht nur Sorge um all dasjenige, was einem Schlimmes geschehen könnte, sondern noch dazu die Angst, es könne einem das Geld irgendwann ausgehen.

Die übermäßige Sorge um die Zukunft, der Wille, für die ganze Zukunft vorzusorgen, macht es dem Menschen unmöglich, in der Gegenwart glücklich zu leben. Statt für das Beste in der Gegenwart zu sorgen, macht man sich Sorge um die Zukunft. Diese Sorge wird einen dann nie mehr in Ruhe lassen, denn es ist nicht möglich, schon in der Gegenwart für alles zu sorgen, was in der Zukunft geschehen wird – aus dem einfachen Grund, weil keiner weiß, was die Zukunft bringt.

Frage: Und wie ist es mit einer Versicherung?

In der Gegenwart die Zukunft um jeden Preis «versichern» zu wollen ist wirklichkeitsfremd, ist wirtschaftlich gesehen völlig unrealistisch. Es ist unpraktisch, denn die Zukunft ist einfach noch nicht da. Ich erhöhe nur meine Sorge, wenn ich schon jetzt meine ganze Zukunft wasserdicht versichern will. Ich verderbe mir dadurch nur die Gegenwart und mache die Zukunft kein bisschen besser. Ich lebe vielleicht jetzt wie ein armer Schlucker, um später gut versichert zu sein.

Das ist nichts anderes als die weltliche Version der bekannten kirchlichen Versicherungsvariante: Wenn man sich ein Leben lang genug geplagt hat, das heißt schön brav allen Geboten gehorcht hat, kommt man nach dem Tod in den Himmel. Was hat aber der Mensch von einem Himmel, den er auf der Erde niemals erlebt, von einem Himmel, den er als Belohnung nur dann zu erleben bekommt, wenn er sich zuvor das ganze Leben auf der Erde zur Hölle gemacht hat?

Wenn man das Glück in die Zukunft verlegt, macht man es wie der Tourist in Heinrich Bölls *Anekdote zur Senkung der Arbeitsmoral*. Der Urlauber aus Deutschland begegnet einem Fischer, der genüsslich auf einer Hafenmauer am Mittelmeer sitzt. Er rät ihm, einmal mehr mit dem Boot auszufahren, mehr Geld zu verdienen, ein größeres Boot zu kaufen und so weiter. Der Fischer fragt: «Ja, und dann?» – «Ja, dann könnten Sie den ganzen Tag sorglos hier auf der Hafenmauer sitzen.» «Aber das tue ich doch schon», antwortet der Fischer. Und der Tourist zieht schweigend und nachdenklich von dannen.

Die Heilung von jeder unnötigen Sorge liegt in der Grundeinstellung des Vertrauens: Vertrauen in das Leben und in jeden Menschen. Es ist gar keine Frage, dass sich Sorgen zu machen viel leichter ist als die Grundhaltung des Vertrauens in sich stark zu machen. Aber leichter ist nicht unbedingt besser. Sorgen zu haben ist vor allem deshalb leichter, weil sie von selbst kommen: Jemand wacht morgens mit einem nichtssagenden Wehwehchen auf, ist vielleicht erst 40 Jahre alt und kerngesund, aber er fühlt sich wie ein altes Eisen und schon ist die Sorge da.

Vertrauen aufzubauen ist schwieriger, weil es nicht von selbst kommt. Ich muss daran arbeiten, und vor allem muss ich an mir selbst arbeiten, um die Gründe des Vertrauens jeden Tag in mir neu zu beleben und zu vertiefen. Ich muss Mut entwickeln, denn das Vertrauen in das Leben und in die Menschen ist immer ein Wagnis. Auch der Mutige weiß nicht, was die Zukunft bringt. Aber er hat die Zuversicht, dass er die Kraft in sich trägt, um sich in jeder Lage zurechtzufinden und noch dazu, dass alle anderen Menschen dazu da sind, um ihm dabei zu helfen. Er hat das Vertrauen, dass er auch aus harten Schicksalsschlägen das Beste machen kann. Ist es nicht die Überwindung von Widerständen, der wir unsere besten Fähigkeiten verdanken?

Was am meisten ein begründetes Vertrauen schafft – im Unterschied zu einem naiven oder blinden Vertrauen –, sind die positiven Kräfte der Menschennatur, die Fähigkeiten, die in jedem Menschen reichlich vorhanden sind.

Der Mensch kann jede Sorge durch die Überzeugung überwinden, dass wenn er die Begabung eines anderen fördert, wenn er im anderen die Freude am Schaffen anregt, dies im anderen eine solche Dankbarkeit erzeugt, dass er seine besten Kräfte zum Wohl aller Menschen, ihn selbst eingeschlossen, freiwillig und freudig einsetzt.

Ein Bedürfnis ist nur dann real, wenn man es erlebt, wenn man es wirklich hat. Und das heißt: nur in der Gegenwart. Es wird nie dadurch real, dass man sich einbildet, man könnte es eines Tages haben. Die meisten Menschen tragen heute weit mehr vorgestellte, eingebildete oder suggerierte Bedürfnisse in sich, als sie real erleben. Jemand ist gesund, aber er überlegt: Wenn ich krank werde, brauche ich Geld, um Medikamente zu kaufen. So bildet er sich ein, ein Bedürfnis nach Medikamenten zu haben. Aber er ist jetzt kerngesund, und nur ein kranker Mensch hat wirklich ein Bedürfnis nach Medikamenten. Er hat jetzt aber keins!

Die Fixierung auf das Geldverdienen verleitet den Menschen dazu, seine Wünsche nicht nur unbegrenzt, sondern auch völlig abstrakt, völlig unbestimmt zu machen. Dadurch wird die Sorge immer größer, immer nagender und das Vertrauen immer kleiner, immer kleinmütiger. Damit ist nicht gesagt, dass man ganz sorglos nur in den Tag hinein leben sollte. Ganz im Gegenteil: Die beste Fürsorge für die Zukunft wird getroffen, wenn der Mensch durch die Gesinnung des Vertrauens, durch das Einsetzen seiner besten Fähigkeiten und durch das Fördern der Begabungen anderer dafür sorgt, dass die anderen in der Zukunft aus Dankbarkeit für die empfangene Förderung einen selbst gerne mittragen werden. Sorge dich nicht darum, sorge dafür – so heißt der Leitspruch des Vertrauens und des Glücks.

Am meisten Vertrauen schafft die Gesinnung der Schenkung. Diese wirkt ansteckend: Wenn ein Mensch sein Bestes den anderen schenkt, erzeugt er in ihnen reale Kräfte der Dankbarkeit, des Wohlwollens, die sie ihrerseits dazu veranlassen, uneigennützig ihr Bestes zu geben und die anderen damit zu beschenken. Es gibt keine bessere – und damit auch wirtschaftlich gewinnträchtigere – Investition des Geldes, als dafür zu sorgen, dass die Menschen um einen herum aus der Dankbarkeit für alles, was man für sie getan hat, das Bedürfnis spüren, notfalls auch mit ihrem Geld für einen einzuspringen.

Ist das nicht die Art und Weise, wie die Organe eines Organismus miteinander umgehen, wie sie ihre gemeinsame Gesundheit pflegen und bestens auch für ihre Zukunft sorgen? Ist das nicht der Sinn des alten Gebotes: Liebe deinen Nächsten wie dich selbst? Die freie Marktwirtschaft wiegt sich in der Illusion, Selbstliebe ohne Nächstenliebe wäre die klügere, gewinnträchtigere Art, sich zu lieben und für sich selbst zu sorgen. Dies ist ein schwerwiegender Irrtum. Derjenige liebt sich besser, der durch Nächstenliebe dafür sorgt, dass die ganze Welt bereit ist, für ihn einzuspringen.

Der Egoist ist ein Mensch, der sich zu wenig liebt, so verblüffend das auch klingen mag. Er liebt nur sich und liebt sich deshalb alleine, kein anderer mag ihn lieben. Statt von allen wird er nur von einem geliebt, von sich selbst. Ihm mangelt es an einer großzügigeren Selbstliebe. Der

Altruist, der nach Nächstenliebe strebt, ist der klügere Egoist: Er sorgt dafür, dass die ganze Welt ihn liebt. Leider wird das Gewinnbringende der gegenseitigen Förderung zu selten eingesehen. Wenn jeder versucht, den anderen so viel Geld wie möglich zu entziehen und nur für sich zu besitzen, ist das genauso sinnvoll, als würde jede Zelle des Organismus versuchen, dadurch zu gedeihen, dass sie so viel Blut wie möglich nur für sich behält.

Erst die wirtschaftliche Begründung der Nächstenliebe kann überzeugen, nicht die bloß moralische. Der Altruismus ist gut, weil er am gewinnträchtigsten für alle ist. Der Egoismus ist schlecht, weil er wirtschaftlich gesehen für alle nachteilig ist. Der Altruismus schließt die Selbstliebe ein, der Egoismus schließt sie im Grunde aus.

Kann Geld frei machen?

Frage: Aber im Leben ist es doch so, dass derjenige, der mehr Geld hat, sich mehr leisten kann. Mehr Urlaub, ein neues Auto und so weiter. Wenn man Geld hat, fühlt man sich doch viel freier! Es ist ein Freiheitserlebnis, nicht das beste vielleicht, aber immerhin ein Ersatz für eine Freiheit, die heute sonst nirgends zu finden ist!

Ist das wirklich Freiheit, wovon Sie reden? Die Freiheit des Geldbesitzers ist völlig unbestimmt, ganz ohne Inhalt. Wenn man der Freiheit einen konkreten, einen erlebbaren

Inhalt geben will, was macht man dann? Man gibt das Geld aus, man kauft jetzt das Auto, man fährt jetzt in den Urlaub. Der Mensch strebt immer nach Konkretisierung seiner Wünsche hier und jetzt, nach ihrer Erfüllung in der Gegenwart. Wenn ich mein Geld nicht hier und jetzt ausgebe, das heißt für ganz bestimmte Zwecke einsetze, was geschieht dann? Statt Freiheit zu erleben, lebe ich unter dem Zwang – dem Gegenteil der Freiheit –, weiterhin so viel Geld wie möglich zu verdienen.

Spielen wir einmal das mit dem neuen Auto durch. Wann erlebe ich die Freiheit, mit dem neuen Auto zu fahren? Einzig und allein beim Fahren. Aber die Vorstellung, das eines Tages tun zu können, so könnte man erwidern, macht mir doch schon jetzt Freude! Ja, aber das ist keine reale Erfahrung der Freiheit. Eine vorgestellte Freiheit ist noch keine wirkliche. Die Vorstellung, in zwei Stunden meine Lieblingspizza zu essen, kann mir Freude machen, sie kann mir sogar das Wasser im Mund zusammenlaufen lassen, sie wird aber nie meinen Magen füllen und meinen Hunger stillen.

Nehmen wir an, ich brauche jetzt kein neues Auto, aber ich habe genug Geld, um eins zu kaufen. Was erlebe ich? Ich erlebe die Sorge, ob das Geld noch da sein wird, wenn ich das Auto wirklich brauche. Und diese Sorge ist gerade das Gegenteil der Freiheit. Freiheit erlebe ich einzig und allein beim Ausgeben des Geldes, das heißt in diesem Fall: beim Erwerben des Autos und beim Fahren damit. Wenn ich in meinem neuen Auto sitze und fahre, habe ich dieses Erlebnis der Freiheit, nicht eher. Die Frage ist also: Brauche ich mein Geld schon Jahre im Voraus?

Wie lange ein Mensch sein Geld schon besessen hat, bevor er es ausgibt, das ist die allerwichtigste Frage der Wirtschaft. Wirtschaftlich gesehen macht es einen Riesenunterschied, ob das jetzt nötige Geld schon jahrelang in meinen Händen gelegen hat oder ob ich es zu dem jetzigen Zeitpunkt einnehme. Geld haben – es schon besitzen – ist gerade das Gegenteil von Geld bekommen. Was ich schon habe, kann ich nicht erst erhalten. Das Haben, das Besitzen – oder das Anhäufen, das Horten, das Sparen – ist gerade die Verhinderung des Umlaufs des Geldes. Was ich besitze, können die anderen nicht gebrauchen.

Könnte ein Organ im Organismus für das jetzt nötige Blut schon Jahre im Voraus sorgen? Könnte es dieses Blut jetzt beiseiteschaffen und für eine spätere Zeit aufbewahren? Um das zu tun, müsste es das Blut zum Stauen bringen, und das würde den ganzen Organismus krank machen. Die Voraussetzung für die Gesundheit des Organismus ist ein nie aufhörender, ungestörter, überall hinkommender Kreislauf des Blutes. Jedes Organ muss immer neu – in der Gegenwart – Blut erhalten und es ohne zu zögern weitergeben.

Für den, der jetzt ein neues Auto braucht, wäre es auf jeden Fall besser, wenn er jetzt das nötige Geld einnehmen würde, statt dass er es schon längst besitzt. Die anderen würden ihm dieses Geld in der Gegenwart geben, wenn die weitere Entfaltung seiner Begabungen ein neues Auto nötig macht und wenn diese Begabungen von den anderen entsprechend hoch geschätzt werden. Den Stau des «Geldblutes» zu vermeiden heißt also so schnell wie möglich alles Geld, das ich einnehme, weiterzugeben, es anderen zur Verfügung zu stellen. Nur das kann bewirken, dass jeder immer wieder so viel wie nur möglich bekommt! Und zwar nicht irgendwann in der Zukunft, sondern jetzt.

Überlegen wir doch: Das nötige Geld immer neu zu bekommen, ist viel besser, als unnötiges Geld lange zu besitzen, mit der ständigen Sorge, dass es doch nicht genügt, dass es durch Inflation halbiert oder einem gestohlen wird. Und wichtiger noch: Wenn alle gerne empfangen und keiner gerne gibt, was passiert dann? Dass zu viele zu wenig bekommen!

Ich sehe gerade in diesem Teufelskreis der ständig anschwellenden Geldberge die bedrohlichste Krankheit der heutigen Menschheit. Die globalisierte Wirtschaft ist darauf angelegt, immer mehr Geld in den Händen von immer weniger Menschen zu konzentrieren, ohne dass bei den Benachteiligten der Wunsch nach mehr Geld nachlässt.

Daraus folgt, dass derjenige ein kluger Mensch ist, der, welches Geld er auch immer erhält, es so schnell wie möglich wieder loswird. Ich sage nicht, schneller als möglich, ich sage, so schnell wie möglich. Geld horten heißt zunächst, nichts dafür zu bekommen. Besitzen heißt, darauf zu sitzen und Sorge zu haben, dass der Neid der anderen einem diesen Stuhl zu heiß machen könnte.

Beitrag: *Das Beispiel mit dem Auto trifft aber doch auf viele Menschen gar nicht zu. In meinem Bekanntenkreis wünschen sich die meisten keinen BMW oder Porsche, sondern vor allem mehr*

freie Zeit! Und nur wer Geld gespart hat, kann
sich mal ein Jahr beurlauben lassen oder viel-
leicht halbtags arbeiten.

Diese wichtige Frage lässt sich natürlich nicht im Handum-
drehen beantworten. Ich möchte aber einige grundsätzliche
Überlegungen daran knüpfen.

Unsere Kultur leidet unter vielen «Spaltungen», die der
Mensch verinnerlicht hat. Da ist zum Beispiel die Spaltung zwischen öffentlichem und privatem Leben, zwischen Glauben und Wissen, aber auch die Spaltung zwischen freier und unfreier Zeit. Der Durchschnittsmensch
sieht es vielleicht als «normal» an, dass alle für ihr Geld
schuften müssen, und begreift nicht, dass diese Meinung
zur umfassenden Lebenseinstellung geworden ist, die das
ganze Handeln eines Menschen prägt. Das Gegenteil von
«für sein Geld schuften» nenne ich – vielleicht provokativ,
aber keineswegs realitätsfremd – «das Leben genießen».
Viele gewöhnen sich daran, für ihr Geld zu schuften, und
wissen meistens nicht, wie es wäre, das Leben zu genießen.
Um das zu verstehen und auszuprobieren, müssten sie erst
ganz andere Menschen werden.

Ein Beispiel: Viele Frührentner mit viel Freizeit – ich
rede jetzt von denen mit genug Geld – finden plötzlich,
dass ihr Leben sinnlos ist. Der einzige Lebensinhalt war
ihre Berufstätigkeit, ja, vielleicht nicht einmal ihre Tätigkeit, sondern nur das Geld, was diese ihnen eingebracht
hat. Jetzt stehen sie da, mit viel Geld, unbegrenzter Freizeit
und mehr als genug Depressionen. Natürlich gibt es auch

glückliche Frührentner, aber ihr Glück ist nicht in erster Linie dem Geld zu verdanken, sondern ihrer sinnvolleren Lebensgestaltung, die man nicht erst bei der Pensionierung improvisieren kann.

Die Erwartung, man könne das Leben in der Freizeit genießen, wenn man diesen Genuss nicht auch schon während der Arbeitszeit erleben kann, ist schizophren. Wie viele Menschen müssen sich nach ihrem Urlaub erst einmal richtig erholen, weil die Ferientage noch anstrengender waren als die Arbeitstage! Wer das nicht muss, hat die seltene Begabung, ein bisschen Urlaubsstimmung in die Arbeit mitzunehmen.

Es stimmt, dass wir für unsere Freizeit Geld brauchen. Aber warum eigentlich? Weil wir nur für unsere Arbeit bezahlt werden! In einer Kultur der Menschlichkeit würde die Freizeit aber viel mehr Geld verdienen als die unfreie Zeit. Sie «verdient» es tatsächlich. Eine Freizeit, für die man Geld braucht, ist zunächst nur eine Verbraucherzeit. Aber ein Mensch, der in seiner freien Zeit nur verbraucht, ist ein armer Teufel. Das gute Leben besteht nicht darin, dass die sogenannte Arbeitszeit für die sogenannte Freizeit das Geld verdienen muss, sondern umgekehrt: Die Freizeit, die Zeit des freudigen, schöpferischen Lebens, erzeugt das Geld auch für die notwendige Arbeit. Wer hätte Geld mehr verdient als derjenige, der seine Talente und Fähigkeiten frei ausschöpft?

Frage: Aber der Mensch muss doch irgendwie für seine Zukunft sorgen. Er kann doch nicht wie ein Kind

von einem Tag zum anderen leben. Im Evangelium
gibt es da auch eine Stelle, mit der ich ziemliche
Probleme habe. Es heißt ungefähr: «Schaut auf die
Lilien auf dem Feld und auf die Vögel in der Luft.
Sie kümmern sich nicht um ihre Zukunft, und der
Vater im Himmel sorgt für sie.» Kann das wirklich
so gemeint sein?

Sie meinen sicherlich: Das kann doch nicht so gemeint sein, dass ich in den Tag hineinlebe und mir keine Gedanken darüber mache, ob meine Kinder in fünf Jahren überhaupt noch eine Lebensgrundlage haben. Der liebe Gott hat sie doch meiner Fürsorge anvertraut, im Unterschied zu den Lilien und den Vögelein. So kann es nicht gemeint sein, sagen Sie, und so ist es auch nicht gemeint.

Gemeint ist: Wenn jemand in der Gegenwart seine besten Kräfte einsetzt, dann sorgt er damit auch für die Zukunft am besten. Wenn er seine jetzige Entwicklung aus lauter Sorge um die Zukunft vernachlässigt, sorgt er weder für heute noch für morgen. Der Übergang von einer Geldwirtschaft – von der unnötigen Sorge um das Geld für die Zukunft – zu einer Fähigkeitenwirtschaft, die sich um jeden Menschen hier und jetzt kümmert, ist die beste Weise, auch für die Zukunft aller zu sorgen. Nur müssen wir dafür von der Gesinnung «jeder nur für sich» zu der Gesinnung «jeder für alle und alle für jeden» kommen.

Frage: Ein ganzes Leben lang ist uns eingetrichtert wor-
den, wir sollten für die Zukunft sparen. Wenn Sie

das nicht für sinnvoll halten, wo soll dann das Geld
herkommen, wenn wir es brauchen?

Was ich in Frage stelle, ist nicht das Sparen generell, sondern das besessene Sparen, wenn das Einzige, was wir unserer Zukunft zugutekommen lassen, das abstrakte Geld
ist. Das ist die höchste Stufe der Kindsköpfigkeit, ja der
Sorglosigkeit bei aller Sorge um unser späteres Leben. Mit
Geldsparen allein ist zu wenig für unsere Zukunft getan,
damit wird bei Weitem nicht genug für unser Alter «ange-
spart».

Nehmen wir an, ein Elternpaar hat jahrzehntelang viel
Geld auf die hohe Kante gelegt. Wir wollen jetzt nicht
weiter verfolgen, was dieses Geld inzwischen bei seiner
Suche nach Zinseszins in der Welt angerichtet hat; bleiben wir bei diesen Eltern. In ihrem Spareifer haben sie
oft Entscheidungen getroffen, die ihnen schwergefallen
sind. Sie hätten zum Beispiel wesentlich mehr Geld für
die Ausbildung ihrer Kinder ausgeben können. Jetzt sind
sie älter geworden, und ihre Kinder haben wenig Möglichkeiten, sich um sie zu kümmern. Es fehlt ihnen nicht nur
an Geld, sondern auch an Zeit. Sie haben auch deshalb zu
wenig Geld erwirtschaften können, weil die Eltern zu wenig Geld in ihre Begabungen investiert haben. Ich frage
jetzt: Hätten die Eltern nicht wesentlich besser, nicht wirtschaftlich sinnvoller für die Qualität ihrer eigenen Zukunft
vorgesorgt oder «gespart», wenn sie dafür gesorgt hätten,
dass ihre Kinder mehr Geld und Zeit – und mehr Dankbarkeit! – für sie in ihrem Alter haben?

Frage: Es kann aber auch ganz anders kommen, wenn man viel, vielleicht zu viel für seine Kinder ausgegeben hat. Und ist es eine gute Motivation, wenn man seine Kinder um der Dankbarkeit im Alter willen finanziell besonders fördert?

Das ist gewiss eine egoistische Motivation, doch ist sie deswegen nicht schlecht. Wir haben gerade gesehen, dass die klügere Selbstliebe die Nächstenliebe nicht ausschließt. Man kann die eigenen Kinder um seiner und zugleich um ihrer selbst willen fördern.

Nehmen wir an, eine Generation spart in der ersten Hälfte des Lebens viel Geld und hat in der zweiten Hälfte sehr viel Geld zur Verfügung. Die wichtige Frage ist: Was haben diese Menschen tun müssen, um viel Geld zu sparen? Sie müssen entsprechend weniger Geld ausgegeben haben. Sie haben den Handwerkern, den Landwirten, den Lehrern, den Ärzten und so weiter weniger gegeben. Sie haben mit anderen Worten die allgemeine Grundlage ihres eigenen Wohlstands vernachlässigt. Jetzt stehen sie als ältere Menschen mit viel gespartem Geld da, das sie zum Beispiel gar nicht für gute Lebensmittel, gute Handwerker und gute Therapien ausgeben können, weil keine guten Landwirte mehr da sind, keine guten Handwerker und auch keine guten Therapeuten. Was nützt ihnen jetzt das viele Geld?

Mit dem Sparen ist es keine leichte Sache, wenn wir mit Sparen meinen, dass ein Mensch sich die Lebenskunst erwerben soll, für das ganze Leben im besten Sinne zu sorgen. Man kann sich das Sparen viel zu einfach machen, und das Geldsparen ist das Allereinfachste. Aber einfacher ist nicht gleich besser.

Sie kennen vielleicht die Geschichte des armen Bauern, dem sein unentbehrlicher Esel zu teuer wurde, weil er zu viel Heu fraß. Da kam der Bauer auf den Gedanken, der Esel könne doch mit dem Heu sparsamer umgehen, da er selbst als Mensch auch so furchtbar knausern müsse. So fing er an, dem Esel von Tag zu Tag weniger Heu zu geben. Und wie froh war er, festzustellen, dass es auch eine Zeit lang ging. Doch bald war die tägliche Portion Heu so gering geworden, dass der Esel starb. Jetzt konnte der Bauer nicht nur einen Teil, sondern das ganze Heu sparen!

Man kann darüber lachen, aber diese Geschichte hat ihre ernste Seite. Und die besteht darin, dass ein großer Teil des heutigen Sparens nicht viel anders aussieht als das Heusparen des Bauern. Es gibt viele Menschen, die sehr emsig ein ganzes Leben Geld sparen und niemals merken, dass sie dabei den Esel, das heißt sich selbst zugrunde richten.

Wir leiden alle unter den verheerenden Wirkungen der Berge von gespartem Geld. Wir dürfen dabei nie vergessen: Bis zu einer gewissen Grenze ist die Kapitalbildung vor allem in einer Weltwirtschaft durchaus notwendig für eine arbeitsteilige, die Waren verbilligende Produktion. Jenseits dieser Grenze kehrt sich die Sache aber völlig um. Das überschüssige Kapital, das nicht mehr im realen Prozess der Wirtschaft verbraucht werden kann, wird gezwungen, sich selbst zu vermehren. Das kann nur durch Ausbeutung und Zerstörung des wirtschaftlichen Prozesses geschehen.

Der Bundesverband deutscher Banken hat kürzlich (1999) mitgeteilt, dass es den Deutschen immer besser geht. Ihr angespartes Geldvermögen steigt kontinuierlich. Die privaten Haushalte allein verbuchen dreieinhalb Billionen Euro[1], das sind dreieinhalb Millionen von Millionen, also – ich schreibe die ganzen Nullen auf die Tafel – 3 500 000 000 000 Euro allein an Geldvermögen. Die Wohnimmobilien betragen noch mehr: 3,8 Billionen Euro. Und das sonstige Sachvermögen beträgt 1,6 Billionen Euro. Insgesamt ist das also ein gespartes Vermögen von etwa 9 Billionen Euro.

Was macht all dieses Geld? Was tut es, um sich immer weiter zu vermehren? Was muss das westliche Kapital gegen die Konkurrenz des mitteleuropäischen tun, um die eigenen Zinseszinsen zu sichern? Es ist ganz ausgeschlossen, dass all dieses Geld in den realwirtschaftlichen Prozess investiert wird. Dies ist nicht nur unmöglich, sondern steht dem entgegen, was mit diesem Geld gewollt wird. Jede Investition in der Realwirtschaft hat zur Folge, dass das Geld zunächst entwertet, das heißt verbraucht wird. Erst zu einer späteren Zeit – nach dem jedem Organismus zugrunde liegenden Entwicklungsgesetz – kann es sich neu bilden. Wenn man schon jetzt das für die nächsten zwanzig Jahre nötige Geld hat, so ist das für die Wirtschaft nicht weniger schädlich, als es für einen Organismus krankhaft ist, schon heute genug Nahrung für die nächsten zwanzig Tage aufzunehmen.

---

1 Laut *Spiegel* vom 6.10.2008 (S. 49) beträgt das Geldvermögen der privaten Haushalte in Deutschland 2008 (Stand 31. März) insgesamt 4,5 Billionen Euro.

Wenn wir die Schäden überblicken könnten, die das übermäßige Sparen anrichtet, würden wir uns sagen müssen: Es wird viel zu viel gespart. Statt ihr weniges Geld selbst zu gebrauchen, geben es die Ärmeren lieber den Reichen, denn genau das bewirkt das Sparen. Das gesparte Geld kommt letztendlich auf die Börse und auf der Börse sahnen die Mächtigen ab – mit einer Raffiniertheit, gegen die keine Fachkompetenz aufkommen kann. So klafft die Schere zwischen Arm und Reich immer bedrohlicher auseinander.

Dies alles zeigt, wie dringend notwendig es ist, weniger zu sparen. Und zwar nicht deshalb, weil man sich moralisch dazu verpflichtet fühlt, sondern weil mehr und mehr Menschen durchschauen, wann die Wirtschaft gesund und wann sie krank ist. Keine Entwicklung ist bloß linear und setzt sich in dieselbe Richtung ins Unendliche fort. Wo Leben ist, finden überall Rhythmen, das heißt Wiederholungen statt. Um etwas zu wiederholen, muss man neu anfangen können, man muss die Richtung umkehren. Auch im Leben der Pflanze, des Tieres und des Menschen kehrt sich von der Jugend zum Alter die Richtung um. Auch jedes Wachen findet im Schlafen seine Umkehrung.

Nicht anders ist es mit der Entwicklung des Geldes: Die Sparsamkeit kann in der ersten Phase der Geldwirtschaft, solange noch zu wenig Geld für die nötige Kapitalbildung erreicht ist, als Tugend gelten. In unserer Zeit aber, wo viel zu viel Geld vorhanden ist, ist sie schon längst zu einem Laster geworden: zum Geiz, zur Geldgier!

Schauen wir wieder auf den Kreislauf des Blutes im Organismus. Er bewirkt nicht nur, dass jedes Organ das erhaltene Blut gleich weitergibt, sondern vor allem, dass es auch die ganze Zeit neues Blut bekommt. Wenn alle Menschen das eingenommene Geld so schnell wie nur möglich weitergeben würden, könnten alle zu jeder Zeit und von allen Seiten genügend neues Geld bekommen. Bei der allgemein wachsenden Freude am Weitergeben würde jeder auch entsprechend viel einnehmen. Denn wir müssen auch die umgekehrte Frage stellen: Woher kommt es, dass so viele klagen, dass sie nicht genug Geld haben oder dass sie Schulden haben?

Beitrag: *Es kommt daher, dass andere wieder zu viel haben.*

Und warum haben sie zu viel?

Beitrag: *Weil sie es nicht hergeben wollen.*

Und was machen sie damit, wenn sie es nicht hergeben?

Beitrag: *Sie sparen!*

Da haben wir es! Sparen heißt also, das Geld anderen nicht zu geben. Ich sage nicht, dass man ganz aufs Sparen verzichten sollte, ich möchte nur auf eine andere, viel rentablere Art des Sparens hinweisen, die im Fördern von Begabungen besteht.

Begabungen fördere ich, wenn ich beispielsweise dem Naturkostladen, bei dem ich gerne einkaufe, weil ich dessen Lebensmittel sehr hoch schätze, im Jahr lieber ein paar hundert Euro mehr als weniger gebe. Dieses Geld werde ich nicht unmittelbar für mich sparen, aber mit dieser

Schenkung sorge ich langfristig durch gesunde Ernährung nicht weniger gut für meine eigene Zukunft.

Solche Gedanken haben nicht den Sinn, die jetzige Praxis des Sparens in Frage zu stellen. Sie wollen vielmehr auf Ideale und Ziele der Entwicklung hinweisen, die eine Zukunft mit mehr Menschlichkeit vorbereiten können. Viele Menschen werden es wohl noch lange nötig haben, für ihr Leben und für ihr Alter auch in Form von gespartem Geld zu sorgen. Dies umso mehr, als in der heutigen Gesellschaft der soziale Mut noch fehlt, um jedem das Nötige für ein würdiges Leben zu schenken. Das Individuum wird statt dessen vom Staat gezwungen, selbst für sein Alter zu sorgen, was es nur durch Sparen erreichen kann.

Aber es ist ein anderes, wenn man denkt, das ist ganz in Ordnung so, oder ob man die ehrliche Überzeugung in sich trägt, dass es wegen der Unvollkommenheit der Menschen ist, dass dies geschehen muss. Im zweiten Fall gibt man sich nicht mit dem gegenwärtigen Zustand zufrieden und strebt so gut man kann nach einem Besseren.

Genug Geld für alle

Wenn die Gesinnung der gegenseitigen Förderung von Begabungen mehr zum Zuge käme, wäre die erste Folge, dass jeder Mensch von der Kindheit an bis zum Ende seines Lebens von der Allgemeinheit das Nötige für ein menschenwürdiges Dasein bekommt, und zwar völlig unabhängig davon, ob er etwas für die Allgemeinheit leistet oder nicht.

Das wäre die einzige wirtschaftlich sinnvolle «Rente». Wenn alle von Herzen gerne das für sie jeweils unnötige Geld in Umlauf bringen würden, könnte man kinderleicht mehr als genug Geld zusammenbekommen, um allen Menschen zum Beispiel in Form von Steuern ein menschenwürdiges Leben zu ermöglichen. Dies müsste natürlich im Gesetz fest verankert sein. Steuern sind im Grunde verkappte Schenkungen: erpresste Schenkungen, wenn sie unfreiwillig entrichtet werden, freie Schenkungen, wenn man das Geld gerne der Allgemeinheit zugutekommen lässt.

Durch die real erlebte, in der Schaffensfreude begründete Freude am Schenken würde sich die heute überall grassierende gegenseitige Erpressung durch Geldsparen erübrigen. Nur wenn die Angst wegen der Zukunft uns nach immer mehr Geld jagen lässt, versuchen wir, durch gegenseitige Ausbeutung immer mehr Geld zusammenzuraffen. Abhilfe kann nur geschaffen werden, wenn jeder weiß: Was mir in der Zukunft auch immer passiert, es ist die im Gesetz verankerte Pflicht der Allgemeinheit, jedem Menschen das zu geben, was er für ein menschenwürdiges Dasein braucht. Ich weiß schon jetzt, dass mir das niemals fehlen wird. Jeder, der begreift, dass keine Gesellschaft ohne allgemeinpflichtige Steuern leben kann, entrichtet sie gerne. Für ihn besteht dann kein Zwang mehr.

Frage: Dann würde jeder immer das geben, was er geben kann?

Ja. Die einzig wirklich sinnvolle Steuer ist die Ausgaben- oder Mehrwertsteuer: Keiner kann mehr ausgeben, als er hat, und bei jeder Ausgabe würde soundso viel der Allgemeinheit zukommen.

Frage: Und jeder würde dann immer leisten, was und so viel er kann?

Das ist nicht garantiert. Was ist, wenn jemand nur faulenzt?

Beitrag: Wenn jemand nur faulenzt, dann soll er doch selber sehen, wie er klarkommt.

Nein, nein, deswegen haben wir ja zu viel Geld: weil wir aus unserem Geiz heraus einem solchen Menschen kein Geld geben wollen.

Beitrag: Ich bin nicht geizig, sondern ich will diesem Menschen damit helfen, selbst etwas zu tun.

Wenn ein Mensch einen anderen Menschen dazu zwingen will, selbst für seinen Lebensunterhalt zu sorgen, ist das doch deshalb, weil er selbst nicht freiwillig und mit Freude das Nötige für sein Leben tut, sondern unter dem Zwang der Pflicht oder im Hinblick auf das Ansehen. Wenn jemand dagegen aus reiner Schaffensfreude mehr tut, als irgendeine Pflicht von ihm verlangen kann, wird er aus derselben Freude heraus gerne dem anderen, der diese Freude nicht erleben kann, das Nötige für sein Leben geben.

Wenn jemand niemals das unfreie Sollen für sich in Anspruch nehmen muss, weil er leidenschaftlich gerne seine Fähigkeiten für das Wohl aller einsetzt, warum soll er den anderen zu irgendetwas zwingen? Dieser ist schon unglücklich genug, wenn er die Freude am Schaffen nicht kennt. Sollen wir ihn noch dazu bestrafen, indem wir ihm den Lebensunterhalt entziehen?

Beitrag: Es wäre doch schön, wenn jeder die positive Kraft bekäme, selber für sein Leben zu sorgen!

Es kann doch kein Mensch selbst für sein Leben sorgen. Jedes Menschenleben ist nur möglich im Zusammenhang der ganzen Menschheit. Soll ein Mensch zum Beispiel selbst für sein Leben sorgen, dadurch, dass er auch für seine Geburt sorgt? Nehmen wir an, Sie meinen, ein bestimmter Mensch tut nicht genug, um für sein Leben zu sorgen. Und wenn dieser Mensch Sie fragt: Tun Sie denn immer alles, was Sie können?

Beitrag: Ja, ich versuche es.

Gut, dann nehmen wir an, Ihre Firma oder die Menschen, mit denen Sie arbeiten, geben Ihnen plötzlich weniger, weil sie meinen, Sie leisten nicht so viel, wie Sie könnten oder sollten. Wie sieht es da aus?

Beitrag: Schlimm ...

Aber genau das wollen Sie mit dem tun, den Sie als Faulenzer betrachten. Sie wollen urteilen, dass er nicht alles tut, was er könnte oder sollte. Geben wir doch jedem Menschen, was er nötig hat, um würdig zu leben! Wir hätten mehr als genug Geld dafür, wenn wir es nicht an den Börsen zum Verderb aller Menschen anhäufen würden. Es gibt wirklich mehr als genug Geld auf der Welt, um jedem Menschen das zu geben, was er braucht, um menschenwürdig zu leben.

Beitrag: Aber dann schlagen sich die Leute die Köpfe
ein.

Nicht aus dem Grund schlagen sie sich die Köpfe ein,
weil sie sich nicht darüber einigen können, wie viel jeder
Mensch braucht, sondern weil diejenigen, die zu viel haben, nicht bereit sind, etwas herzugeben. Das für alle gültige Gesetz könnte unter anderem festlegen, wie viel in
einem gewissen Land und zu einer gewissen Zeit jedem
Menschen gegeben werden soll – wirtschaftlich realistisch
berechnet –, um ihm ein menschenwürdiges Leben zu ermöglichen. Menschenwürdig heißt, jedem wird das gegeben, was an einem gewissen Ort und zu einer gewissen Zeit
allen gegeben werden kann – nicht mehr, aber auch nicht
weniger. Nur die Gleichheit, die Gleichbehandlung achtet
die Würde des Menschen.

Frage: Im Prinzip ist es doch unsere Sozialhilfe, von der
Sie eben gesprochen haben. Liegt das Problem
nicht hauptsächlich darin, dass die meisten mehr
Konsum und mehr Prestige wollen, als eine
Grundrente erlaubt? Wenn ich Sie richtig verste-
he, sehen Sie die Hauptschwierigkeit im fehlenden
Bewusstsein davon, dass das Einsetzen der eige-
nen Talente, was Sie Schaffensfreude nennen, zum
Glück führt und nicht allein der Wohlstand.

Dieses Bewusstsein in immer mehr Menschen zu erwecken,
scheint mir in der Tat die dringendste Aufgabe zu sein. Damit ist aber nicht gemeint, dass alle nur so viel zur Verfü-

gung haben sollen, wie ihnen eine menschenfreundliche Grundrente erlaubt. Dieser Gedanke ist oft in der Debatte über ein Grundeinkommen für alle aufgetaucht.

Der Gedanke eines menschenwürdigen Lebens ist aber ein anderer: Jeder bekommt so viel, wie gleichmäßig verteilt werden kann, wenn alles überschüssige Geld – Geld, das nicht unmittelbar für den wirtschaftlichen Prozess eingesetzt werden kann – auch tatsächlich verteilt wird. So viel bekommt auch derjenige, der sich damit zufriedengibt, nichts für die anderen zu leisten. Derjenige aber, der schöpferisch, der wirtschaftlich produktiv ist, wird einen solchen Umsatz erzeugen, dass er mehr Einnahmen als Ausgaben hat. Das Übrige kann er verschenken.

Die Schwierigkeit liegt darin, dass durch die Fixierung auf das Geld zu viel für Lohn und zu wenig aus der Begeisterung heraus gearbeitet wird. Viele Menschen zwingen sich mit zusammengebissenen Zähnen zum Guten, weil man sie davon überzeugt hat, dass sie es nicht freiwillig und schon gar nicht leidenschaftlich gern wollen können. Statt reine Freude am Schaffen zu erleben, haben sich zu viele Menschen an das freudelose Schuften gewöhnt, um möglichst viel Geld zu verdienen. Und wie es der Genius der Sprache will, erzeugt das zu viele Schuften zu viele Schufte – Leute, denen die ganze Menschheit ziemlich egal ist.

Und was machen wir mit dem ganzen Geld, wofür wir ein ganzes Leben schuften? Unsere Häuser haben Räume, in denen es Dinge gibt, die wir brauchen oder vielleicht auch nicht. Und unten gibt es den Keller, wo es noch mehr

Dinge gibt, die wir nie brauchen. Das ist alles Ballast. So ist es auch mit dem Geld: Für den Haushalt haben wir das Geld, das wir brauchen, aber auf der Bank liegt das Geld, das wir nicht brauchen. Das ist im Grunde genommen auch Ballast. Wenn ein Mensch gerne tut, was er tut, wenn er seine Freude daran hat, dann will er kein bisschen mehr bekommen, als er braucht, um weiter so leben zu können. Alles andere wäre ihm nur Ballast.

Frage: Wie ist es denn zum Beispiel mit der Müllabfuhr oder dem Toilettenputzen und der Freude am Schaffen? Dabei kann ein Mensch ja wohl kaum seine eigentliche Begabung entfalten!

Es gibt Arbeiten, die einfach notwendig sind, die erledigt werden müssen, weil sie den körperlichen Grundbedürfnissen dienen; und es gibt Arbeiten, die nicht notwendig sind, die uns ganz freistehen, weil sie der Pflege unserer Seele und der Entwicklung unseres Geistes dienen.

In die Wirtschaft gehören nur die Arbeiten, die notwendig sind. Dazu zählen Müllabfuhr und Toilettenputzen, was sicherlich nicht weniger notwendig ist als Büroarbeit. Schaffensfreude kann sich gerade an der Einsicht entzünden, dass dasjenige, was man in der Wirtschaft tut, für das Allgemeinwohl unentbehrlich ist. Dies trifft in ganz hohem Maße auch für die Müllabfuhr und das Toilettenputzen zu. Jeder macht die «Reinlichkeitspflege», die seinen eigenen Körper betrifft, mit Selbstverständlichkeit, man könnte sogar sagen, mit Freude. Warum soll es nicht möglich sein, dieselbe Selbstverständlichkeit und dieselbe Freude zu erleben, wenn man Reinlichkeitsarbeiten auch für die anderen tut?

Man kann echte Freude daran haben, etwas zu tun, das zwar abstoßend erscheinen mag, aber für alle lebenswichtig ist. Natürlich haben viele Menschen die «Begabung», Toiletten zu putzen oder den Müll wegzuschaffen, in dem Sinne, dass sie es rein physisch können. Aber nur wenige werden die hohe Begabung haben, diese Arbeit mit Schaffensfreude zu tun, aufgrund der eingesehenen Unerlässlichkeit dieser Arbeiten als Lebensgrundlage für alle. Alle diejenigen, die diese seltene Begabung nicht haben, möchten lieber etwas anderes, ihnen wichtiger oder menschenwürdiger Erscheinendes tun. Der Begabte hingegen weiß, dass alles Notwendige gerade deshalb höchst menschenwürdig ist, und er kann auch der bescheidensten Handlung innere Größe verleihen.

Frage: Das überzeugt mich noch nicht. Es klingt so, als wenn Sie den bedauernswerten Toilettenputzern als Ausgleich für ihren miesen Job eine höhere und besonders seltene Begabungsstufe zusprechen wollen. Wieso sollte jemand an so einem Job echte Freude haben? Nur weil irgendjemand ihn machen muss, wird er auch nicht angenehmer.

Stellen Sie sich vor, Sie selbst hätten diesen miesen Job, einfach weil Sie nichts anderes für Ihren Lebensunterhalt gefunden haben. Es steht Ihnen frei, den miesen Job durch eine miese Stimmung noch unerträglicher zu machen – oder durch eine heitere Stimmung etwas erträglicher. Ein Alleinerziehender muss vielleicht auch öfter, als er möchte, sein ganz kleines Kind «putzen». Er hat die Möglichkeit, es mit Liebe, sogar mit Freude zu tun. Sie werden sagen, dass das leichter ist, weil es sein eigenes Kind ist. Zugegeben. Aber das Glück der Schaffensfreude kann jemand nur in dem Maße erleben, in dem er jeden anderen Menschen mehr und mehr als zu sich gehörig betrachtet.

Außerdem gehört zur Menschlichkeit auch, dass nicht unbedingt ein einziger Mensch vierzig Stunden in der Woche Müll beseitigen muss, sondern lieber zehn Menschen vier Stunden lang. Diese vier Stunden können dann leichter mit Schaffensfreude absolviert werden als vierzig, vor allem wenn die Mitbürger so menschlich sind, dass sie diese unverzichtbare Leistung wesentlich höher zu schätzen und zu bezahlen wissen, als sie das üblicherweise tun.

7. Zahlen,
Schenken, Leihen

Unsere nächste Aufgabe wird sein, auf die drei Arten des Geldgebrauchs näher einzugehen, und die sind: Bezahlen, Leihen und Schenken.

Aus einer näheren Betrachtung dieses dreifachen Umgangs mit Geld wird sich noch klarer ergeben, dass unsere Geldwirtschaft von allein dazu neigt, sich allmählich in eine Fähigkeitenwirtschaft zu verwandeln.

Das Erste, was ich mit Geld machen kann, ist, dass ich damit etwas kaufe. Dies geschieht jedes Mal, wenn ich für etwas sozusagen «a tempo», das heißt sofort zahle. Es kann eine Flasche Milch sein, ein Konzert, eine Reise, ein neuer Computer, was auch immer. Hauptsache, ich bezahle die Ware oder die Leistung in dem Augenblick, in dem ich sie erwerbe oder in Anspruch nehme.

In all diesen Fällen erlebe ich mich als Verbraucher, der jeweils ein ganz konkretes Bedürfnis hat, das er befriedigen will. Auch wenn ich einem Freund einen Fotoapparat schenke, mag die Freude am Schenken noch so groß sein, im Laden komme ich nur als Käufer in Frage, und ich muss als Verbraucher entscheiden, wie viel Geld ich dafür bezahlen will. Dass dieser Apparat dann zwischen mir und meinem Freund zum Geschenk wird, interessiert den Verkäufer nicht. Im Laden ist das Gerät zunächst reine Ware mit einem bestimmten Preis.

Die Bedürfnisse, die Ansprüche der Menschen als Käufer sind sehr unterschiedlich. Der durchschnittliche moderne Mensch meldet beispielsweise unendlich mehr Wünsche an als der Mensch im Mittelalter. Dies geht mit der Tatsache einher, dass heute jeder im Normalfall über weit mehr Waren, Dienstleistungen und Geld verfügen kann als der damalige Mensch. Die moderne Arbeitsteilung und die Technik haben ihrerseits dafür gesorgt, dass sich die Waren, die heute hergestellt werden, verglichen mit der Anzahl der damals angefertigten, vertausendfacht haben.

Kein Mensch kommt aber nur als Käufer in Frage, keiner ist ausschließlich in der Lage, von den anderen empfangen zu müssen, ihre Waren oder Dienstleistungen in Anspruch zu nehmen. Die besten Stunden des Lebens sind diejenigen, in denen man für andere schaffen kann, in denen man selbst zum Hersteller von Waren oder Dienstleistungen wird, die man anderen zur Verfügung stellt. Man kann innere Erfüllung erleben, wenn man anderen sein Bestes schenkt, das macht glücklich.

Das Schaffen für die anderen ist in Wirklichkeit ein Schenken. Es kann nur freiwillig geschehen und freiwillig geschätzt werden. Und so ist auch die zweite Grundform des Geldgebrauchs das Schenken. Das Schenken kann den Menschen glücklicher noch als das Kaufen machen, wenn er dabei dieselbe Erfahrung macht wie beim Einsetzen der eigenen Talente. Nur macht er diese Erfahrung dem anderen möglich! Bei der Ausübung der eigenen Fähigkeiten erlebt man Selbstverwirklichung und beim Beschenken freut man sich, dass man mit seinem Geschenk einem anderen ermöglicht, seine eigenen Talente zu entfalten und damit seine eigene Erfüllung, sein Glück zu erleben.

Wenn ein Mensch sich glücklich fühlt, weil er die Anwendung seiner Fähigkeiten genießt, was geschieht dann mit seinen Bedürfnissen? Diese werden einerseits konkretisiert und andererseits eingeschränkt. Statt sich Sorgen darüber zu machen, was er alles in der Theorie brauchen könnte, weiß der Mensch, was er in Wirklichkeit braucht und was nicht. Erst in der Freude am schöpferischen Tun hat er ein klares Kriterium in der Hand, um zu wissen, was für ihn wirklich nötig ist, welche Waren und Dienstleistungen der anderen er in Anspruch nehmen will.

Mit Geld können wir also kaufen und bezahlen, was wir brauchen; mit Geld können wir die Fähigkeiten der anderen beschenken, wenn wir ihnen Geld bedingungslos zur Verfügung stellen. Den Grund, warum heute so wenig geschenkt wird, werden wir besser verstehen, wenn wir näher auf die dritte Form des Geldgebrauchs eingehen, auf das Leihen.

Wenn jemand Geld verleiht, dann immer deswegen, weil er es jetzt nicht nötig hat. Es liegt kein wesentlicher Unterschied darin, ob ich das Geld, das ich jetzt nicht brauche, einem anderen Menschen leihe, bei der Bank anlege oder Aktien kaufe. Die Absicht bleibt bei einem Darlehen immer dieselbe: Irgendwann später will ich mein Geld – im Normalfall durch Zinsen vermehrt – zurückbekommen. Der Gläubiger bleibt beim Verleihen der Eigentümer des Geldes und durch die Bedingungen, die er für das Leihen stellt, bindet er den Schuldner. Dies gilt auch, obwohl im abgeminderten Maße, im Fall eines zinslosen Darlehens, denn auch da muss das Geld zurückgegeben werden. In diesem Fall werden nur die Zinsen geschenkt. Ganz anders ist es bei der Schenkung: Der Beschenkte unterliegt keinen Bedingungen, er bekommt uneingeschränkte Verfügungsgewalt über das ihm geschenkte Geld.

Leihen ist nicht gleich Leihen

Alle drei Formen des Geldaustausches – Zahlen, Schenken, Leihen – sind wirtschaftlich am vorteilhaftesten, wenn beide Seiten einen Gewinn erzielen. Beim Kaufen sieht der Verkäufer einen Vorteil im Gelderwerb, der Käufer im Erwerb der Ware. Das Schenken ist wirtschaftlich vorteilhaft nich nur für den Empfänger, sondern auch für den Schenkenden, wenn er in der Förderung der Begabungen des anderen einen Gewinn auch für sich selbst sehen kann.

Mit dem Leihen ist es nicht anders. Die Spannung, die zwischen dem Verleihenden und dem, der Geld ausleiht, entsteht, kann höchst gewinnbringend für beide sein. Für den Schuldner kann seine Verpflichtung, fristgerecht und vermehrt mit Zinsen das Geld zurückzugeben, die beste Herausforderung darstellen, all seine Kräfte einzusetzen, um außerdem auch noch für sich einen Vorteil zu erzielen. Dies ist ohne Weiteres möglich, wenn derjenige, der das Geld geliehen bekommt, dieses Geld in den realwirtschaftlichen Prozess investieren kann, wenn er damit Waren oder Dienstleistungen erbringen kann, die für andere einen Wert haben und von ihnen entsprechend wertgeschätzt werden.

Aber auch hier kehrt sich die Sache nach dem Überschreiten der vorhin erwähnten Grenze um. So wie das ge-
liehene Geld, das für die realwirtschaftliche Produktion
eingesetzt wird, die Wirtschaft dynamisieren kann, kann
dasselbe Geld sie auch lähmen, wenn es lediglich für den
Zinseszins «investiert» wird – also nicht zur Förderung der
wirtschaftlichen Produktivität, sondern ganz im Gegenteil
zu ihrer Ausbeutung. Auch hier zeigt sich, wie wichtig
es für die Gesundheit der Wirtschaft ist, dass nicht mehr
Geld geliehen wird, als für die Herstellung von Waren und
Dienstleistungen nötig ist. Es sollte nicht mehr Kapital gebildet werden, als die Realwirtschaft selbst jeweils verbrauchen kann.

Der wirtschaftliche Sinn des Leihens liegt also darin,
dass der, der das Geld ausleiht, es so verwendet, dass sowohl er als auch der Gläubiger einen Gewinn davon haben.
Dabei ist nicht entscheidend, wer das Geld besitzt: Alles
kommt auf die Art des Gebrauchs an, den der Schuldner
davon macht. Und dies hängt wiederum von seinen Fähigkeiten, von seinen Begabungen ab.

So können wir sagen: Beim Leihen ist jenes Geld am
gewinnbringendsten, das ganz konkreten und individuellen
Fähigkeiten geliehen wird. Wer das Geld für seine Talente
braucht, der soll es auch bekommen. Ihm das Geld zu geben
ist sinnvoll, weil es wirtschaftlich für alle vorteilhaft ist.

Ein Geldschein ist an sich noch nichts Konkretes. Real
ist erst das, was damit erworben oder getan wird. Das Geld
wird nur in dem Moment konkret, wo es ausgegeben wird.
Das Ausgeben, das Gebrauchen ist die einzig mögliche

Konkretisierung des Geldes. Und was heißt ausgeben? Es heißt, es einem anderen in Form einer Bezahlung, eines Darlehens oder einer Schenkung zu geben.

Nicht das bloße Besitzen ist also in der Wirtschaft Werte bildend, sondern allein der Gebrauch. In dem Maße, in dem das bloße Besitzen dem Besitzer selbst unwichtig wird, bekommt alles Leihen immer mehr die Tendenz, sich in eine Schenkung zu verwandeln. Dadurch entsteht eine gegenseitige Förderung, wie sie auch bei den Gliedern eines Organismus am Werk ist. Die Freude am Schenken als Lebenseinstellung kann sogar das Kaufen in eine Schenkung verwandeln: Der Käufer schenkt dem Verkäufer das Geld, und der Verkäufer schenkt dem Käufer die Ware. In einem Organismus kann kein Organ von allein irgendetwas «verdienen»: Es bekommt alles vom Ganzen geschenkt und gibt alles dem Ganzen als Geschenk zurück.

Das organische Gesetz der zyklischen Umkehrung bei Lebensrhythmen zeigt seine wirtschaftliche Seite am besten beim Leihen. Das Leihen steht in der Mitte zwischen Zahlen und Schenken. Beim Leihen selbst gibt es eine Grenze, jenseits derer sich das Leihen von einem beiderseitigen Vorteil in einen beiderseitigen Nachteil umkehrt. Solange der Verleiher das Auge auf ganz konkrete, möglichst individuelle Begabungen fest gerichtet hält, denen er das Geld leiht mit der Absicht, sie zu fördern – weil nur als Folge dieser Förderung auch der eigene Gewinn erfolgt –, solange dies der Fall ist, wird das Leihen die wirtschaftliche Produktion anregen und auch für den, der das Geld geliehen bekommt, höchsten Gewinn erbringen.

Die Wirkung des Leihens kehrt sich aber um, wenn der, der verleiht, die Förderung der Begabungen aus den Augen verliert und nur den eigenen Gewinn durch Kapitalzuwachs anstrebt. Diese Umkehrung besteht darin, dass beiden, auch dem Verleiher, dadurch ein Nachteil erwächst, wenngleich dieser Nachteil zunächst nicht leicht zu erkennen ist. Wenn diese Umkehrung nicht vorhanden wäre, müsste es möglich sein, dass eine unbegrenzte Zahl von Menschen eine unbegrenzte Vermehrung ihres Geldes erreichen kann, ohne dass dadurch jemandem Nachteile erwachsen.

Dieses Experiment hat Goethe gleichsam als Warnung im *Faust* geradezu genial vor Augen geführt. Denn das Teuflische in der mephistophelischen Erfindung des Geldes liegt darin, dass alle Menschen in die Versuchung geführt werden, vom Geld zu leben – also von der Leistung anderer ohne eigene Gegenleistung. Wenn aber alle so tun, ist bald keiner mehr da, der die Waren erzeugt und die Leistungen erbringt, die die Neureichen benötigen, um überhaupt leben zu können. Mephisto füllt alle Taschen mit Geldscheinen – mit Ansprüchen auf die Leistungen anderer –, leert aber dadurch alle Mägen, weil keiner mehr das erbringt, was zum Sattwerden nötig ist.

Das entspricht in der Gegenwart den vielen Millionen von Anlegern, die ihr Geld ausschließlich mit Aktiengeschäften «verdienen» wollen. Es sei denn, sie studieren Günter Oggers erfrischenden Bestseller *Der Börsenschwindel* und beherzigen sein ernst gemeintes Fazit: «Reich wird man nicht, indem man Aktien kauft, sondern indem man Aktionäre zur Kasse bittet.»

Begabungen kommen allen zugute

Ich unterstütze die Begabung eines anderen am besten, wenn ich ihm sage: «Weil du diese Begabung hast, weißt du besser, wie viel Geld du dafür brauchst und wie du es am besten verwendest. Schau, ich habe dieses Geld nicht nötig, sonst würde ich es dir nicht geben können. Ich kann nicht einmal sagen, dass es mein Geld ist, denn ich habe es auch irgendwann von anderen bekommen. Ich schenke es dir. Mach damit, was du willst, für mich wäre es nur Ballast.»

Es gibt etwas Besseres, etwas wirtschaftlich Sinnvolleres als bloß zu leihen: Wir können das Geld, das wir jetzt nicht ausgeben können, einfach verschenken. Wir erhalten dann vom anderen etwas Besseres als nur das Geld zurück, nämlich dass er seine Fähigkeiten zum Wohl aller, also auch zu unserem eigenen Vorteil, einsetzt.

Weil wir zurzeit vor allem im Westen eine Form der Wirtschaft haben, in der zu wenig Schaffensfreude erlebt wird, verleihen wir zu viel und schenken zu wenig. Wir möchten vor allem unser Geld zurückhaben, weil wir mehr Angst als Vertrauen haben.

Die für mich gewinnbringendste Art der Rückzahlung erlebe ich dann, wenn die von meiner Geldschenkung ermöglichte Tätigkeit des anderen auch meine eigene Begabung fördert. Dass ich durch die Begabung des anderen selbst gefördert werde, ist noch viel besser, als von ihm nur mein Geld zurückzubekommen. Das Geld an und für sich kann ich nicht genießen, die Begabung des anderen aber voll und ganz. Ihre Wirkung erlebe ich unmittelbar in mir.

Wenn ich einem Musiker für ein Konzert oder für ein Musikfest Geld gebe, ist das nicht in Wirklichkeit eine Schenkung? Ich unterstütze sein Talent, damit er es weiter pflegen und die Menschen weiterhin beglücken kann. Seine Begabung kommt mir im Erleben seines Konzerts unmittelbar zugute. Mein Geld allein kann das nicht tun, deswegen gebe ich es lieber ihm. Jeder Künstler weiß, wie viel Geld er braucht, um sein Talent im besten Sinne den anderen zugutekommen zu lassen. Indem ich ihm Geld gebe, bezahle ich in Wirklichkeit nicht eine Eintrittskarte zu einem Konzert, sondern ich beschenke die Fähigkeiten eines Menschen. Wer nur für das Konzert bezahlen will, möchte so wenig Geld wie möglich herausrücken. Wer hingegen einen Künstler, den er hoch schätzt, gerne beschenkt, der wird den Drang spüren, ihm so viel zu geben, wie er nur kann.

Eine solche innere Einstellung hat eine große Auswirkung auf die Gesamtwirtschaft. Erst eine weitverbreitete Haltung der Wertschätzung jeder Begabung gegenüber kann die Schaffensfreude in allen Menschen fördern. Dies wäre für alle der größte Gewinn, auch wirtschaftlich! Und künstlerische Begabungen sind überall zu finden, weil jeder Mensch in jeder Tätigkeit sich als freischaffenden Künstler erleben kann.

Von einem Arzt wird berichtet, dass er einen steinreichen Mann in letzter Sekunde vor dem Erstickungstod rettete. In seiner Kehle steckte eine Fischgräte. Der Arzt schnitt ihm mutig in die Kehle und entfernte die Fischgräte. Da fragte ihn der Mann: «Herr Doktor, wie viel soll ich Ihnen geben?» Er wollte seinen Retter entsprechend bezahlen, er wollte seine Schuldigkeit getan haben. Aber auf die Antwort des Arztes war er nicht gefasst: «Geben Sie mir ruhig nur die Hälfte von dem, was Sie bereit waren, mir zu geben, als die Gräte noch in Ihrem Hals steckte.» Da wusste der reiche Mann auf einmal, was die Begabung des anderen für ihn wert war – und zwar zeit seines Lebens!

Die Armut der Fixierung auf Geld und auf materiellen Reichtum läuft darauf hinaus, dass wir zu viel Geld besitzen, unsere eigenen Begabungen zu wenig auskosten und infolgedessen die Fähigkeiten der anderen zu wenig unterstützen. Es werden in der heutigen Wirtschaft bei Weitem nicht genug Talente entdeckt und gefördert. Es werden zu viele künstlerische Begabungen verschüttet. Den Fähigkeiten wird zu wenig Vertrauen, zu wenig Kredit geschenkt, weil wir meinen, dass der Geldgewinn uns mehr wert sei als der Kulturgenuss. Wir glauben, dass Geldscheine uns eine verlässlichere, beglückendere Grundlage für das Leben geben können als die Talente der Menschen.

Bedürfnis und Begabung

Wenn die Menschen von Natur aus ausschließlich nach der Befriedigung ihrer Bedürfnisse streben würden, so wären sie umso glücklicher, je mehr Bedürfnisse sie befriedigen. Jemand, der alle seine Wünsche erfüllt hätte, müsste vollkommen glücklich sein.

Die Erfahrung lehrt aber, dass es nicht so ist. Erstens ist es ganz unmöglich, alle Wünsche zu erfüllen, alle Bedürfnisse zu befriedigen, weil es keine Grenze der realen, möglichen oder eingebildeten Bedürfnisse gibt. Zweitens stimmt es nicht, dass je mehr Bedürfnisse der Mensch befriedigt, desto weniger unbefriedigte bleiben. Ganz im Gegenteil: Je mehr er davon befriedigt, desto mehr neue kommen auf, die ihn wieder unbefriedigt machen. Wir können sogar sagen: Die Eigendynamik aller Begierden liegt gerade in ihrer Unbegrenztheit, die Unersättlichkeit zur Folge hat.

Dasselbe gilt für das Geld. Wir sind weit davon entfernt, umso zufriedener zu werden, je mehr wir davon besitzen. Je mehr Geld wir haben, desto mehr möchten wir, desto unbefriedigter sind wir. Nur selten gibt es Menschen, die irgendwann sagen: «Jetzt ist aber Schluss mit der Vermehrung meines Geldes, jetzt habe ich wirklich genug. Mehr möchte ich auf keinen Fall.»

Was folgt daraus? Dass der Sozialdarwinismus irrt, wenn er den Menschen einem höheren Tier gleichsetzt. Denn beim Tier ist es gerade umgekehrt wie beim Menschen. Das Tier kennt nur natürliche, das heißt real erlebte Bedürfnisse, die jeweils ganz konkret sind. Es findet seine Erfüllung in ihrer Befriedigung. Seine Begierden lassen sich nicht durch die abstrahierende Vorstellungskraft ins Unendliche vermehren, die prinzipielle Unersättlichkeit kann bei ihm gar nicht aufkommen. Das Tier ist also in dem Maße zufrieden, in dem es jeweils seine real aufkommenden Bedürfnisse befriedigt, und diese Befriedigung ist von Natur aus immer möglich.

Beim Menschen gilt das genaue Gegenteil: Die Befriedigung aller seiner Bedürfnisse kann ihn aus dem Grunde nicht erfüllen, weil sie gar nicht möglich ist: Kraft seiner Einbildung kann er seine Begierden unbegrenzt vermehren. Bedeutet dies, dass der Mensch nie glücklich sein kann, sich nie zufriedengeben oder sich erfüllt fühlen kann? Nein, auch Menschen können echte Erfüllung erleben. Und wenn nicht durch Befriedigung von Bedürfnissen, dann eben durch das Entgegengesetzte, was die Tiere nicht können, nämlich durch die Entfaltung von individuellen Begabungen.

Den Gegensatz zwischen Bedürfnis und Begabung voll ins Bewusstsein zu holen, gehört meiner Überzeugung nach zu den wichtigsten Aufgaben nicht nur der Psychologie oder der Soziologie, sondern im Besonderen auch der Wirtschaft. Unsere übliche Art, mit Geld umzugehen, kann umso besser durchschaut werden, je näher wir uns das Spannungsverhältnis zwischen Bedürfnis und Begabung anschauen.

Ein Kulturphänomen ersten Ranges liegt in der Tatsache, dass der gewaltige Unterschied zwischen Begabung und Bedürfnis, diese bedeutungsvolle Polarität des Lebens, sich in der westlichen Kultur fast völlig verwischt hat.

Wenn ich ein Bedürfnis habe, brauche ich etwas, mir fehlt etwas, und ich erlebe mich als abhängig, weil ich etwas benötige, was ich nur mit Hilfe von außen erlangen kann. Beim Ausüben einer Begabung ist es umgekehrt: Da benötige ich nichts für mich, ich bin nicht von anderen abhängig, ich habe umgekehrt etwas für die anderen übrig.

Für die Erfüllung meiner Wünsche bin ich auf die Außenwelt angewiesen. Das Gegenteil erlebe ich in der Freude am Schaffen: Da schöpfe ich aus der Fülle meines eigenen Wesens und beschenke damit die anderen. Diese Erfahrung der Überfülle, die Erfahrung, uneigennützig andere zu beschenken, macht uns deshalb glücklich, weil wir dabei in keinerlei Weise bedürftig sind, keine Not oder Abhängigkeit erleben. Nicht die Notwendigkeiten, die Nöte der Natur erlebt da der Mensch, sondern sich selbst als schöpferischen, unerschöpflichen Geist.

Das Einsetzen seiner besten Kräfte im Dienst der anderen kann nur aus innerer Freiheit heraus geschehen, es ist reine Liebe zum Handeln. Und diese Liebe zum Handeln ist das größte Glück, das der Mensch erleben kann, weil sie nicht als Mittel zum Zweck etwas anderes anstrebt, sondern Selbstzweck ist. Sie ist in einem Selbstverwirklichung und Dienst am anderen. Jeder echte Schöpfer fördert sich und die Welt gleichermaßen. Glücklicher als in diesem Erleben kann der Mensch niemals sein.

Genau umgekehrt ist es wiederum beim Bedürfnis: Wenn ich ein Bedürfnis habe, weiß ich mich nicht frei, zumindest nicht ganz frei. Wenn ich hungrig bin, muss ich etwas essen, da habe ich keine Freiheit. Aber auch wenn ich Kummer habe und den Drang spüre, ihn mit jemandem zu teilen, der mich versteht, bin ich auf meinen Freund angewiesen. Ich verlange nach etwas und bin darin von einem anderen abhängig. Oder wenn ich etwas mache und Anerkennung brauche, bin ich auch nicht ganz frei, denn ich muss es so machen, dass der andere sagt: «Gut hast du das gemacht.» Ich bin vom Urteil, vom Geschmack, von den Erwartungen der anderen abhängig.

So könnten wir unendlich viele Beispiele anführen, wo der Mensch den – wenn auch leisen – Druck des «ich muss» oder mindestens des «ich soll» erlebt. Er sagt sich: «Wenn ich jenes haben will, dann muss ich dieses tun.» Ein Bedürfnis ist also jedes Erlebnis, in dem sich der Mensch nicht ganz frei, nicht ganz unabhängig fühlt. Was er tut, ist nur Mittel zum Zweck. Mit seiner Fantasie lebt er in dem, was er erreichen will, nicht in dem, was er gerade macht.

Ganz anders im Erleben seiner Fähigkeiten, da fühlt sich der Mensch ganz frei. Da wird die Sache nur deshalb schwieriger, weil wir heute fast nur Bedürfnisse erleben. Selbst die Bereiche, in denen wir uns völlig frei fühlen könnten, werden in der heutigen, in vielerlei Hinsicht «verrückten» Welt vielfach unter den Zwang des Müssens oder des Sollens gestellt. Wenn man zum Beispiel ein Maler ist, sollte das Erschaffen eines Bildes die reinste Wonne bereiten. Aber siehe da, nicht wenige Künstler arbeiten heute nur, um Geld zu verdienen. Was sie tun, wie und für wen sie es tun, hängt davon ab, wie viel Geld sie bekommen. Selbst die künstlerische Tätigkeit, die reiner Selbstzweck, reinstes Glückserlebnis sein könnte, wird zu einem Mittel gemacht. Die Begabung wird so zu einem Bedürfnis degradiert, wird als Bedürfnis erlebt.

Ähnliches gilt für den Sport. Es liegt in der Natur des Spielens, dass der Mensch sich im Spielen als begabt erlebt, in keinerlei Hinsicht als bedürftig. Und sich rein als begabt erleben heißt, sich in diesem Erleben vollkommen glücklich zu fühlen. Stattdessen ist aus dem Spiel mehr und mehr ein Krieg geworden. Man betreibt Sport nicht um der

Freude am Spielen willen, sondern um zu siegen, um zu gewinnen. Auch das Spiel ist vom Selbstzweck zum Mittel für den Sieg verkehrt worden. Nicht im Spielen selbst sucht man sein Glück, sondern erst im darauffolgenden Erfolg, im Sieg. Und für jeden Sieger muss es einen Verlierer geben.

Ähnlich ist es in der Wirtschaft: Wenn der Mensch nur für Geld arbeitet, steht nicht seine Begabung im Vordergrund, sondern sein Bedürfnis. Er schafft nicht aus Freude, sondern um Geld zu erwerben. Die Fixierung auf das Geldverdienen verdirbt uns das Leben, weil wir unsere Begabungen nicht in ihrer Beschwingtheit erleben, mit der wir die Welt beschenken können, im Gegenteil: Was wir auch tun, wir fragen immer: «Was habe ich davon? Wie viel verdiene ich damit?» Wir tun fast alles um anderer Zwecke oder Ziele willen, ohne uns bewusst zu machen, dass dies das Wesen der Unfreiheit ist. Um zu erreichen, was wir wollen, tun wir etwas, was wir eigentlich nicht wollen.

Der Säufer macht es nicht anders: Er trinkt, aber nicht das Trinken ist es, was er will, sondern erst der darauffolgende Rausch. Dieses Erlebnis will er. Wenn er den Rausch haben könnte, ohne zu trinken, wäre er froh, denn dann brauchte er nicht mehr für das Trinken zu bezahlen. Viele Menschen sind heute unglücklich, weil sie nicht in der Gegenwart, im Schaffen selbst, in der Liebe zum Handeln, Freiheit und Glück erleben, sondern erst in der «Belohnung», die danach folgen soll, ihr Glück suchen. Diese Tendenz hat der Genius der Sprache auch in dem Wort «Erfolg» festgehalten: Erfolg ist das, was immer erst danach «folgt», was niemals in der Gegenwart erlebt wird.

Wer für Geld arbeitet, arbeitet eigentlich für die Dinge oder die Erlebnisse, die mittels des Geldes erworben oder möglich gemacht werden. Die Werbung appelliert lediglich an die Bedürfnisse der Menschen und setzt das Dogma des Materialismus, dass das Glück des Lebens in der Erfüllung möglichst vieler Wünsche besteht, voraus. Diese werden – ob real erlebt oder bloß vorgestellt – ins Grenzenlose vermehrt. Und der Verbraucher fühlt sich wie ein Sack, vollgestopft mit Bedürfnissen oder Begierden, auf der Jagd nach einem Glück, welches das Geld erst irgendwann später ermöglichen soll. Er denkt: Wenn man viel Geld hat, ist man erfolgreich, dann folgt das Glück von selbst.

Wenn jemand sich als Schöpfer erlebt – zum Beispiel eine sehr gefragte Köchin, von der die Leute sagen: «Sie kocht göttlich!», oder ein talentierter Friseur, eine einfühlsame Mutter, ein naturliebender Landwirt, ein patenter Pilot, ein genialer Lehrer –, dann geht es beim Schaffen nicht mehr um die Befriedigung von Bedürfnissen, weil sie dabei gar keine Rolle spielen. Weit davon entfernt, bedürftig zu sein, ist ein solcher Mensch im Gegenteil sehr reich, überreich! Die reine Liebe zum Handeln, die Freude am Schaffen wird sein höchster Reichtum sein. Kein Geld der Welt kann ein solches Glück bezahlen oder kaufen.

8. Der abstrakte Geist und der «widerrechtliche Fürst dieser Welt»

Frage: Sie sprechen immer wieder von «Abstraktion». Was genau meinen Sie damit?

Vielleicht habe ich viel zu abstrakt von Abstraktion gesprochen! Am besten nehmen wir jetzt ein paar konkrete Beispiele durch. Ist ein Mensch, der 300 Meter von mir entfernt ist, genauso groß, wie wenn er neben mir steht? Oder ist er wesentlich kleiner?

Beitrag: In der Wahrnehmung ist er kleiner.

Und was sagt das abstrakte Denken dazu?

Beitrag: Es sagt, das stimmt nicht, er ist genauso groß! Wenn ich eine Allee betrachte, wird der Abstand zwischen den Bäumen ja auch nicht geringer, je weiter sie sich von mir entfernen. Es ist nur eine perspektivische Täuschung.

Also wir denken, die Wahrnehmung täuscht uns, denn in Wirklichkeit ist der Mensch in der Ferne genauso groß, wie wenn er neben uns steht. Da haben wir also zwei entgegengesetzte Ansichten: Die Sinneswahrnehmung sagt, er ist in der Ferne viel kleiner; die innere Überzeugung sagt, nein, er ist genauso groß.

Jetzt muss ich mich aber fragen: Wenn ein Mensch weit weg ist, was erlebe ich als stärkere Wirklichkeit, meine Vorstellung, wie groß der Mensch wäre, wenn er hier stünde, oder die Art und Weise, wie die jetzige Wahrnehmung auf mich wirkt? Was ist bei seinem Fernsein wichtiger für mich, das Erlebnis der Ferne oder die Vorstellung der Nähe? Oder anders gefragt: Was erlebe ich, die Ferne oder die Nähe? Ich muss zugeben: Das reale Erlebnis ist das der Ferne, seine Nähe stelle ich mir nur vor, ich erlebe sie nicht.

Keine Frage, die Einwirkung meines Erlebnisses auf mich ist stärker als die Einwirkung meiner Vorstellung. Und die Einwirkung eines Menschen auf mich durch Wahrnehmung ist sehr gering, wenn er 300 Meter entfernt ist. Ich kann vielleicht nicht einmal erkennen, wer er ist. Ich weiß nicht, ob er heiter oder traurig ist. Er ruft kaum eine Reaktion in mir hervor, und so ist er in der Wirklichkeit meines Selbsterlebnisses ziemlich unbedeutsam, das heißt ganz klein.

Jetzt kommt er mir näher, jetzt sehe ich, dass es mein bester Freund ist, ich sehe, er weint, er kommt mir nahe genug, dass ich von ihm hören kann, warum er weint. In meinem Erleben, in dem, was ich innerlich durchmache, in der Einwirkung seines Wesens auf mich, ist er jetzt wesentlich größer, wirksamer geworden. Jeder kennt das: Wenn jemand uns «zu nahe» tritt, kann er sogar so groß für uns werden, dass wir es nicht mehr aushalten – es sei denn, wir sehen in ihm unseren «Nächsten».

Goethe traf den Nagel auf den Kopf, als er den lapidaren Satz prägte: «Die Sinne trügen nicht, das Urteil trügt.» Was sagt das Auge in unserem Fall? Dass ein Mensch in 300 Metern Entfernung genauso groß ist, als wenn er hier wäre? Nein, das Auge sagt mir: Sieh dir das doch genau an, er ist offensichtlich viel kleiner, wenn er so weit weg ist. Die Sinne trügen nicht. Was sagt mir aber das Urteil, der Verstand? Er sagt: Er ist genauso groß. Und dieses Urteil ist trügerisch, weil es von dem abstrahiert, von dem absieht, was ich real erlebe. Es ignoriert das einfach.

Spekulation in Kultur und Wirtschaft

Oder nehmen wir als größeres Beispiel das kopernikanische Weltsystem: Es ist durch und durch abstrakt. Da wird von der Tatsache abstrahiert oder abgesehen, dass wir auf der Erde leben. Da wird gesagt: Stellen wir uns vor, wir wären auf der Sonne. Wenn wir auf der Sonne wären und uns alles vom Blickwinkel der Sonne anschauen würden, worum würden sich alle Planeten, alle Gestirne bewegen? Doch um die Sonne! Wenn wir auf dem Mars wären, um welchen Planeten würden wir alle Gestirne sich bewegen sehen? Um den Mars! Man braucht sich nur in der Vorstellung, in der Fantasie auf den Mars zu versetzen. Für einen richtigen Marsbewohner dreht sich selbstverständlich alles um den Mars herum.

Aber fragen wir uns jetzt ganz ehrlich: Sind wir wirklich auf der Sonne oder auf dem Mars? Was sagt das Auge, von dem Goethe behauptet, dass es nicht trügt? Sehen wir wirklich mit unseren Augen, wie alles sich um die Sonne herumdreht? Die schlichte Antwort ist: Wir sind nicht auf der Sonne, wir sehen nicht alle Planeten vom Sonnenstandpunkt aus. Aber durch Abstraktion können wir uns vorstellen, dass wir auf der Sonne sind und sehen, wie sich alles um die Sonne herumdreht. Da sehen die Drehungen viel einfacher aus, als von der Erde aus gesehen, darum hat das der moderne Mensch so gerne.

Durch die Abstraktion kann sich also der Mensch von der Wirklichkeit seines Erlebens frei machen. Nur – womit muss er diese innere Freiheit erkaufen? Eben mit dem Verlust der Wirklichkeit! Das abstrakte Denken ist gerade entstanden, um uns von der Wirklichkeit zu befreien. Wenn wir zu ihr zurückfinden wollen, müssen wir die Abstraktion Abstraktion sein lassen und zum real Erlebten zurückkehren.

Das Geld ist der abstrakte Stellvertreter für alle Dinge. Es hat uns die wirtschaftliche Freiheit gebracht, genauso wie die Fähigkeit, abstrakt zu denken, uns die geistige Freiheit gebracht hat. Wir können uns in unserem Geist auch von der wirtschaftlichen Wirklichkeit befreien, uns ihr gegenüber ganz nach unseren Vorstellungen verhalten, aber wir müssen dies dadurch bezahlen, dass wir die Wirklichkeit der Wirtschaft aus dem Auge verlieren, dass wir wirtschaftlich gesehen wirklichkeitsfremd werden.

Beitrag: *Positiv an der Abstraktion scheint mir auch, dass man eine Gefahr besser einschätzen kann. Sehe ich einen Löwen in 300 Meter Entfernung und weiß: «Der ist groß!», dann kann ich noch rechtzeitig Reißaus nehmen.*

Aber das kann ich nur, weil die Wirklichkeit des großen Löwen mich noch nicht gepackt hat, weil er in Wirklichkeit noch weit entfernt ist. Und es genügt auch nicht, dass ich bloß in meiner Vorstellung Reißaus nehme, um für den Löwen klein oder unappetitlich zu werden. Ich muss mich schon in Wirklichkeit entfernen, wenn ich für ihn uninteressant werden will.

Welche Weltanschauung ist also korrekter oder besser, die ptolemäische mit der Erde im Mittelpunkt oder die kopernikanische mit der Sonne im Mittelpunkt?

Beide haben gleichermaßen ihre Berechtigung. Die eine bevorzugt das Auge, das reale Erleben, die andere die Vorstellung, die innere Freiheit. Und wir können abwechselnd in beiden Welten leben, in der Welt der Freiheit und in der Welt der Wirklichkeit. Ist das nicht besser als nur in einer Welt zu leben?

Gerade der Prozess der Abstraktion gibt uns die Möglichkeit, immer besser zu verstehen, was Geist und Geld gemeinsam haben. Der moderne Geist lebt in der Abstraktion, in einer Vorstellungswelt, die ihm in ihrer Bildhaftigkeit völlige Freiheit lässt. Die Abstraktion im Umgang mit Geld wird «Spekulation» genannt, was nur ein anderes Wort für Abstraktion ist. Es handelt sich also immer um denselben modernen Geist, der gedanklich abstrahiert und finanziell spekuliert!

Denn das Geld ist nicht weniger abstrakt als unsere Vorstellungen, der Geldschein hat nur eine *Schein*wirklichkeit. Er macht alle Dinge gleich, weil er von ihrer realen Unterschiedlichkeit, von den verschiedenen Erlebnissen, die man mit den verschiedenen Dingen macht, völlig absieht, völlig abstrahiert. Welche Vorstellungen werden in mir erweckt, wenn ich einen 100-Euro-Schein in der Hand habe? Ich stelle mir vor, was ich alles damit kaufen könnte. Aber das alles ist zunächst nur vorgestellt, es ist nur in der Abstraktion vorhanden, denn in der Hand – für die Wahrnehmung des Auges – habe ich nur den Schein vor mir, ein Stück Papier.

Weil sich heute das Weltkapital schon weitgehend von der Realwirtschaft abstrahiert hat, weil der Bezug auf den realwirtschaftlichen Prozess immer weniger gegeben ist, kann man mit Geld nur noch spekulieren, nur noch ganz abstrakt darüber nachdenken, was man damit machen könnte. Nur wird an den Börsen nicht mit einem 100-Euro-Schein spekuliert, sondern mit Hunderten von Milliarden in einer einzigen Minute. Auf diese Weise entsteht eine zweite Stufe der Spekulation, wo der eine Geldspekulant darüber spekuliert, welche Entscheidungen ein zweiter aufgrund seiner Spekulation über die Spekulation eines dritten treffen könnte; Entscheidungen, die wiederum eine Lawine von Spekulationen der einen über die Spekulationen der anderen in Gang setzen. Und nach diesen Spekulationen über Spekulationen wird gehandelt, es werden zum Beispiel Milliardenbeträge von hier abgezogen und dorthin «investiert».

Wer meint, dass das Spiel an den Börsen ihn nichts angeht, braucht sich nur eine andere Seite der Geldspekulation anzuschauen, die uns alle sehr betrifft. Das haben wir schon erwähnt: Die Geldberge an der Börse können nur von den einzelnen Bürgern erzeugt und immer weiter vergrößert werden. Wenn wir Geld sparen, anlegen oder verleihen, was machen wir? Wir spekulieren! Wir abstrahieren von der Gegenwart, wir sehen von ihr ab, weil wir das Geld jetzt weder nötig haben noch verschenken wollen, und in der reinen Vorstellung einer möglichen Zukunft spekulieren wir darüber, was wir uns alles eines Tages werden leisten können oder was uns Schlimmes passieren könnte, wofür wir dann auch Geld brauchen. Und so geben wir, die kleinen Spekulanten, unser Geld den großen Spekulanten, um unsere eigenen Spekulationen, unsere abstrakten Wünsche zu verwirklichen.

Frage: Ich kann das wirklich nicht nachvollziehen, was Sie da behaupten. Wie sollen denn zum Beispiel meine 1300 Euro vom Sparbuch in die Hand eines Großspekulanten gelangen?

Sie geben Ihre 1300 Euro einer Bank. Bei der Bank nimmt ein Großspekulant dann einen Kredit von drei Milliarden Euro auf – darin sind viele Kleinsparer-Guthaben enthalten – und kauft damit die Firma auf, in der Sie arbeiten. Dieser Spekulant ist wiederum Hauptaktionär eines Konzerns, dessen Produktabsatz durch Ihre Firma gefährdet ist, denn diese liefert die gleichen Produkte wie der Konzern, aber in einer erheblich besseren Qualität und das bei gleichen Verkaufspreisen. Der Spekulant schafft es, Ihre Firma zugrunde zu richten, und Sie und Ihre Kollegen werden arbeitslos. Jetzt erzielt der Spekulant mit seinem Konzern so hohe Umsatzsteigerungen, dass er einen kleinen Teil seines Gewinns in Form von Zinsen Ihrer Bank zurückgibt, sodass diese den Kleinsparern die versprochenen Zinsen weitergeben kann.

Dieses Beispiel zeigt: Es sind erst die vielen Kleinsparer, die eine solche zerstörerische Großspekulation ermöglichen. Gerade weil die Geldmächtigen so viel Gewinn machen, kann die erwähnte Bank den Kleinsparern davon einige Krümel abgeben, um sicherzustellen, dass sie dieses Spiel weiterbetreiben. Nur sieht in diesem Beispiel der erwähnte Kleinsparer vielleicht nicht, dass er die Zinsbrosamen mit seiner Arbeitsstelle bezahlt hat. Es ist wie mit dem erwähnten Bauern, der um Heu zu sparen den Esel verloren hat.

Ein anderes Beispiel: Die NATO beschließt, Serbien zu bombardieren. Dabei wird vieles zerstört, was dann wieder aufgebaut werden muss. Wer wird das nötige Geld dafür hergeben? Wer die Macht hat, entscheidet auch, wer bezahlt. Auch Deutschland gehört zu den Zahlern und es kann nicht dem Mächtigeren sagen: «Ich will nicht bezahlen.» Das wäre wie der Fuchs, der dem Löwen einen Gefallen verweigert. Also gibt Deutschland die Milliarden her, und die Frage ist: Wo kommt dieses Geld her?

Sagen Sie jetzt nicht, dass es von den Geldinstituten oder vom Staat kommt, denn die kriegen es auch nicht vom Himmel geschenkt. Von den Bürgern kommt es, von jedem einzelnen Menschen, der seine Steuer bezahlt oder sein Geld spart. Damit will ich mich nicht gegen jede Form des Sparens wenden. Es geht vielmehr darum, sich bewusst zu machen, wo das ganz große Geld herkommt: Es kommt von den vielen ganz kleinen Sparern. Und der Grund liegt darin, dass wir zu viel von unserem Geld für die Zukunft aufbewahren, statt es für die Gegenwart einzusetzen.

Unsere Zukunft ist aber wie der Mensch in der Ferne: Sie ist noch nicht da, wir stellen sie uns bloß als Möglichkeit vor. In unserer Vorstellung wird beim Sparen die Zukunft genauso wichtig gemacht wie die Gegenwart, aber diese Vorstellung täuscht uns. Die Sorge um die Zukunft darf nie so groß werden wie die Sorge um die Gegenwart, so wie der Mensch in der Ferne nie so groß sein kann wie der Mensch in der Nähe. Wenn wir das nicht beachten, wird nicht unsere Zukunft besser gemacht, sondern nur die Gegenwart schlimmer. Statt für eine bessere Zukunft zu sorgen, verderben wir uns die Gegenwart und damit auch die Zukunft.

Der «widerrechtliche Fürst dieser Welt»

Wenn das Geld der Stellvertreter für alle Waren und Dienstleistungen ist, die wir für ein erfülltes Leben in Anspruch nehmen können, so müssen wir fragen: Welches ist die Grundeigenschaft aller Dinge, für die das Geld steht? Sie ist die, dass sie alle im Laufe der Zeit immer mehr an Wert verlieren – bis sie früher oder später beim Wert null ankommen. Das gilt vom Brot, das ich heute kaufe und das in einigen Tagen schimmelig wird, bis zum kostbarsten Edelstein, der auch nach einigen Jahrtausenden nicht mehr existieren wird. Der Zahn der Zeit nagt unerbittlich an allen Dingen.

Was ist aber mit dem Geld, das die Natur aller Dinge treu widerspiegeln sollte? Es wird von uns – gegen seine und aller Dinge Natur – gezwungen, im Laufe der Zeit immer mehr an Wert zu gewinnen! Gerade darin liegt seine Ungerechtigkeit allen Dingen gegenüber, die es repräsentieren soll. Alles verliert mit der Zeit an Wert, aber das Geld soll nur an Wert gewinnen. Dies gibt dem Geld seine ungeheure Macht.

Statt einen Vorteil darin zu sehen, so oft wie möglich Geld auszugeben und es damit für uns selbst zu entwerten, stellen wir uns vor, dass es besser ist, so wenig Geld wie möglich zu verbrauchen und so viel wie möglich zu sparen. Von einem reinen Mittel wird das Geld auf diese Weise zum Zweck gemacht. Es wird vom Diener zum Herrscher, mit einem biblischen Begriff, zum «widerrechtlichen Fürsten dieser Welt».

So ist das Geldverdienen für viele Menschen das Ziel des Lebens geworden. In den USA haben angeblich bereits (1999) etwa sieben Millionen Menschen ihren Job einfach verlassen, um zu Hause vor dem Computer zu hocken und im Internet Börsenspiele zu betreiben, um ihr Kapital zu vermehren. Der Sinn des Lebens liegt für diese Menschen nicht in der Freude, ihre Fähigkeiten für sich und andere einzusetzen, sondern im Bestreben, möglichst viel Geld zu machen.

Frage: Kann man das wirklich so pauschal sagen? Ich kann mir vorstellen, dass manche ihre Arbeit gerade deswegen aufgegeben haben, um ihre Fähigkeiten besser einzubringen, zum Beispiel im Rahmen einer Tätigkeit, mit der sie sich ihren Lebensunterhalt nicht verdienen können.

Börsenspiele können auch mit wenig Zeitaufwand durchgeführt werden.

Das ist gewiss für manche der Fall. Geld verdienen muss nicht für alle oberste Priorität haben. Nur bleibt die Tatsache bestehen, dass bei einer Möglichkeit, schneller zu Geld zu kommen, die alte Arbeit fallen gelassen wird. Dies zeigt, dass die wichtigste Motivation für die Arbeit das Geld war.

Die kulturelle Bewegung, die vor allem in den letzten Jahrhunderten das Geld vom Diener zum Herrscher gemacht hat, hat nicht erreicht, dass das Geld an Wert gewonnen hat, sondern nur, dass alle realen Dinge in der Wertschätzung der Menschen beträchtlich an Wert verloren haben. Daran gewöhnt, das Geld über alles zu schätzen, können wir uns nicht mehr daran freuen, mit dem Geld so viele Dinge wie nur möglich für unsere Weiterentwicklung in Anspruch zu nehmen. Wir bilden uns statt dessen ein, diesen Geldbesitz mehr als alles andere zu genießen. Wir spekulieren nur über seine Vorteile in der Zukunft.

Die Folge davon ist, dass unsere Wirtschaft auf Geiz oder Geldgier gründet. Natürlich wird das Kind nicht immer beim Namen genannt – das wäre ja manchen peinlich. Man hat also auch hier ein beschönigendes Wort erfunden und man redet vom «Sparen». Auch die Schwierigkeiten, die viele mit dem Entgegennehmen von Geld haben, sind nicht zu unterschätzen. Man will nicht in Abhängigkeit geraten, man will nicht zeigen, dass man Geld braucht, und so sagt man lieber: «Nein danke, dafür möchte ich nicht bezahlt werden, ich habe es wirklich nicht um des Geldes willen getan.»

Wer nimmt mir bitte mein Geld ab?

Wenn es stimmt, dass wir alle viel besser dran wären, wenn es nicht mehr Geld geben würde, als in der Realwirtschaft verwertet werden kann, gibt es vielleicht ein Mittel, das Freude am schnellen Weitergeben des Geldes machen kann?

Moralische Empfehlungen wie «Du sollst aus reiner Nächstenliebe dein Geld so schnell wie möglich ausgeben oder verschenken» bringen nicht viel. Sonst wäre in dieser Richtung schon längst etwas geschehen, denn Ermahnungen zur Nächstenliebe oder auch Kants kategorischer Imperativ sind schon lange genug bekannt. In diesem Zusammenhang möchte ich Hans Küngs Buch *Weltethos für Weltpolitik und Weltwirtschaft* erwähnen. Dort werden viele gute und kluge Ratschläge gegeben, nur hat es eben den Charakter einer Predigt an die Mächtigen in Wirtschaft und Politik. Was aber, wenn diese die Mahnungen gar nicht hören wollen? Wenn die sagen: «Mir ist es ganz recht, die Macht zu haben. Du behauptest nur, dass das verwerflich ist, aber das ist eben deine Meinung. Es ist dein Problem, wenn du die Macht nicht hast und dich dafür entschädigen willst, indem du mir eine Moralpredigt hältst.»

So fragen wir: Gibt es eine Maßnahme, die bewirkt, dass aller Geldbesitz so deutlich zum Nachteil wird, dass ihn keiner mehr will? Kann das schnelle Weitergeben des Geldes so vorteilhaft gemacht werden, dass alle es gerne tun?

Ja, es gibt ein Wundermittel, das schlagartig in allen Menschen die reinste Freude erzeugen würde, das Geld, das sie jeweils bekommen – und jeder würde ja dadurch viel mehr Geld bekommen! –, so schnell wie möglich wieder loszuwerden. Und dieses Wundermittel heißt: Alles Geld der Welt, in welcher Form auch immer es existiert, verliert am Ende jedes Jahres automatisch soundso viel an Wert! Es wäre eine reine Sache der Vereinbarung, der Gesetzgebung. Machbar ist es, wenn auch die technische Durchführung nicht leicht wäre.

Ich habe einmal einen Geldschein von 140 DM entworfen mit einer Umlaufzeit von 14 Jahren (heute wären das natürlich Euro). Ich habe ihn in Farbstreifen geteilt: Jedes Jahr bekommt eine Farbe, sodass das Auge, an die Farbe des Jahres gewöhnt, den Wert des Scheines, der für das betreffende Jahr auf der entsprechenden Farbe groß genug aufgedruckt steht, unmittelbar erkennen kann. In den letzten Wochen jedes Jahres, bevor der Schein schlagartig um 10 DM weniger wert wird, wird die anstehende Entwertung zwischen Käufer und Verkäufer durch einen «Aufschlag» geteilt; und zwar so, dass der Anteil des Besitzers des Scheines von Woche zu Woche umso höher wird, je länger er damit wartet, den Schein auszugeben. Wenn der Schein am Ende des vierzehnten Jahres nichts mehr wert ist, wird er aus dem Verkehr gezogen. Entsprechend wird neues Geld gedruckt und in Umlauf gebracht.

Sagen Sie nicht zu schnell, dass das eine verrückte Idee ist, alles Geld im Laufe der Zeit an Wert verlieren zu lassen. Es ist nur etwas, was niemals wirklich konsequent durchgeführt worden ist. Jede wirtschaftliche Einheit, in der die gleiche Währung im Umlauf ist, könnte eine solche

Maßnahme der Entwertung einführen, ohne auf die anderen zu warten. Diese Maßnahme würde die Kreativität, das heißt die Produktivität der beteiligten Menschen in allen Bereichen des Lebens so sehr steigern, dass die ganze Welt ihr Geld gerne dort investieren würde. Das wäre der beste Beweis dafür, dass dort, wo mehr Geld entwertet wird, durch die erhöhte Zirkulation und Produktivität mehr Geld wieder hereinkommt.

Frage: Findet nicht bei jeder Inflation eine solche Entwertung des Geldes statt?

Sicher, aber diese Entwertung geschieht nicht durch Vernunft und zum Wohl aller, sondern durch die Willkür des Marktes und noch dazu zum Vorteil der einen auf Kosten der anderen. Bei einer Inflation wird eher eine Umverteilung des Reichtums als eine Entwertung des Geldes herbeigeführt. Bei dieser Umverteilung haben die Geldmächtigen immer die Möglichkeit, durch rechtzeitige Verlagerung des Geldes der Inflation auszuweichen. Dazu ist doch die Börse da, die Währungen, die von der entwertenden Inflation nicht betroffen sind, werden ja entsprechend aufgewertet. Aber diese Möglichkeit haben eben nur wenige. Die Entwertung des Geldes wäre nur in dem Fall für alle Menschen vorteilhaft, wenn alles Geld auf der Welt systematisch mit dem Verlauf der Zeit an Wert verlieren würde.

Die Inflation wird heute in der globalen Wirtschaft nicht von der «reinen Vernunft» gesteuert – etwa nach dem Prinzip der Gerechtigkeit –, sondern von der Macht weniger Menschen, die sich hinter den sogenannten Gesetzen des freien Marktes verbergen. Es gibt keine solchen Gesetze, es gibt keinen unpersönlichen Markt, der von sich aus etwas bewirkt. Etwas bewirken kann nur der Wille des Menschen.

Die höchste Ballung der Geldmacht äußert sich in der heutigen Weltwirtschaft in den Kursbewegungen des US-Dollars nach unten oder nach oben. Wollen die wirtschaftlich Mächtigsten in den USA ihren Import fördern, so werden sie den Dollar starkmachen, sie werden seinen Wert im Vergleich zu den anderen international starken Währungen nach oben treiben. Nach einigen Jahren werden sie den Prozess umkehren; sie werden den US Dollar nach unten treiben, um den Export zu fördern, um die in den Jahren zuvor gemachten Schulden zu reduzieren. Die Zahlen bleiben dieselben, aber ihr Wert den anderen Währungen gegenüber kann sich wesentlich verteuern oder verbilligen.

Bei diesen Schwankungen des Dollars ist es entscheidend, um dem Geld seine Macht zu sichern, dass man die Möglichkeit hat, große Dollarsummen zu dem Zeitpunkt zu verkaufen, an dem er den höchsten Wert hat, das heißt unmittelbar vor seinem Abstieg. Und umgekehrt muss man die Möglichkeit haben, Unmengen von Dollar gerade zu dem Zeitpunkt zu kaufen, an dem sein Wert am tiefsten ist, weil er gleich danach wieder steigen wird.

Hier stellt sich die Frage: Woher soll man wissen, wann der Dollar daran ist, wieder zu sinken oder zu steigen? Die Antwort auf diese Frage ist wie ein offenes Geheimnis: so geheimnisvoll, dass nicht einmal der gescheiteste Analyst es durchschauen, so offen, dass es selbst einem Kind einleuchten könnte.

Wenn die Geldmächtigen entschieden haben, den Dollar wieder nach unten zu treiben, werden sie den US-Präsidenten – ihr Ausführungsorgan, da er für seine Wahl ganz auf sie angewiesen ist – veranlassen zu verkünden, dass der US-Dollar zu hoch bewertet ist. Zum Zeitpunkt dieser Aussage haben die Mächtigen aber bereits entsprechende Maßnahmen ergriffen, sodass ihnen durch das Sinken des Dollars Gewinne erwachsen. Diese Maßnahmen sind das wirtschaftlich Wirksame: Die Aussage des Präsidenten ist keine bloß theoretische Vorhersage, sie ist die Vollstreckung einer Willensentscheidung. Und nicht derjenige ist der «bessere» Börsenanalyst, der das Richtige vorhersagen kann, sondern derjenige, dessen Aussagen bei den Großaktionären das Erwünschte bewirken. Was er voraussagt, wird ausgeführt, danach wird gehandelt. Seine Aussagen sind wie eine «self-fulfilling prophecy». Darin besteht die Macht: in der Fähigkeit, die Zukunft zu prägen, nicht nur darüber zu spekulieren, wie sie aussehen könnte. Ein Blick in den erwähnten Bestseller *Der Börsenschwindel* von Günter Ogger kann einen schnell davon überzeugen.

Kommen wir auf die Frage der Inflation zurück: Was wir als Inflation kennen – zum Beispiel in Bezug auf den Euro –, ist immer die Folge der Bewegungen der bei Weitem mächtigeren Währung, des US-Dollars. Statt eine gerechtere Verteilung des Vermögens zu bewirken, wird durch die Inflation die Schere zwischen Arm und Reich immer weiter geöffnet, je nachdem, wer und wie viele die

Möglichkeiten und den Willen haben, sich auf die Seite der Mächtigen zu schlagen.

Die Macht als solche ist der Erzfeind der Demokratie, denn eine breite Verteilung der Macht wäre ihr Ende. Das Prinzip der Macht lautet: je weniger, desto mächtiger. Je mächtiger die Mächtigen werden, desto weniger zahlreich müssen sie sein, und die von ihnen Beherrschten müssen immer zahlreicher werden. Man wird vielleicht einwenden: Diese können sich zusammentun, um sich dagegen zu wehren. Aber wenn sie es mit derselben Gesinnung der Macht tun, um ihrerseits die Macht zu erobern, werden sie in ihren eigenen Reihen den eisernen Mechanismus der Macht wiederholen und doppelt darunter leiden müssen.

Anderthalb Jahrhunderte proletarischer oder sozialistischer Bewegung lehren unter anderem gerade dieses. Aber eine Solidarität der Beherrschten, der Unterdrückten, die auf Menschlichkeit und nicht auf Macht gründet, hat es in der Geschichte noch nie gegeben. Einer hat es vor 2 000 Jahren, wie ich meine, in reinster Form versucht, musste es aber mit seinem Tod bezahlen. Denn eine solche soziale Bewegung setzt voraus, dass viele Millionen Einzelner ganz zielbewusst lieber Menschlichkeit als Macht anstreben. Wie weit die heutige Menschheit noch davon entfernt ist, zeigt die geringe Bereitschaft bei den meisten, bewusst und gerne in den täglichen Beziehungen auf jede Art von Macht zu verzichten.

Die große Herausforderung für eine gesunde Weltwirtschaft besteht darin, Einsteins Relativitätstheorie vor allem in Bezug auf das Geld ernst zu nehmen. Wenn ich zwei

100-Euro-Scheine habe und den einen doppelt so lange behalte wie den anderen, ist ihr wirtschaftlicher Wert nicht der gleiche. Der, den ich behalte, wird in Wirklichkeit jeden Tag weniger wert, weil er zur Lähmung des Geldumlaufs beiträgt. Er versäumt länger oder öfter, die Begabungen der Menschen zu fördern. Damit ist nicht gesagt, ich hätte auch diesen Schein früher ausgeben sollen. Es wird nur eine wirtschaftliche Tatsache festgestellt. Der objektive Wert des Geldes ist immer «relativ», vor allem in Bezug auf die Zeit.

Es leuchtet andererseits ein, dass sich die Geldmächtigen entschieden gegen diese Idee der systematischen Geldentwertung wehren müssen. Sie würden durch die Einführung dieser Maßnahme ihre Macht verlieren.

Beitrag: *Sie haben behauptet, dass Geld mit Verfallsdatum noch nie ausprobiert worden ist. Das stimmt aber nicht, zum Beispiel gab es im Mittelalter das Brakteaten-Geld. Weil das Geld verfiel, wurde es schnell noch vor dem Verfallsdatum ausgegeben. Das ist der Grund, warum noch heute in einer berühmten Danziger Kirche ein kostbarer Altarflügel zu bewundern ist, der von der Zunft der Sackträger gespendet worden war. Das habe ich bei Margrit Kennedy in ihrem Buch* Geld ohne Zinsen und Inflation *gelesen. Auch Versuche aus dem 20. Jahrhundert werden dort erwähnt, wo Gemeinden Gutscheine mit Verfallsdatum herausgegeben hatten und da-*

durch inmitten des sozialen Elends zu so großem
wirtschaftlichem Aufschwung gelangten, dass
andere Gemeinden mitmachten, was dann in
Österreich und in Deutschland dazu führte, dass
die Regierungen solche Währungen verboten.

Die Versuche, die Sie erwähnen, gehen alle in die gerade erwähnte Richtung. Darum ist auch Margrit Kennedy
von Fachleuten immer wieder als Dilettantin abgestempelt
worden. Solche Experimente scheitern aber daran, dass sie
nicht das allgemeingültige Gesetz auf ihrer Seite haben.
Wir haben ja gesehen: Eine systematische Entwertung des
Geldes ist nur möglich, wenn sie im Gesetz verankert ist.
Sie ist nicht möglich, wenn sie nur auf einer Wirtschafts-
insel eingeführt wird, weil wir heutzutage keine Naturalwirtschaft mehr haben. Sie haben ja selber gesagt, dass der
Staat damals die Möglichkeit nutzte, solche Experimente
zu verbieten.

In diesem Zusammenhang können auch die Wirtschafts-
modelle von Silvio Gesell erwähnt werden, ebenso Bücher
wie von Helmut Kreuz *Das Geldsyndrom* und von Bernd
Senf *Der Nebel um das Geld*. Dort werden ausführlich die
Folgen geschildert, die durch unbegrenzte Vermehrung des
Zinseszinses entstehen. Helmut Kreuz führt zum Beispiel
aus, dass schon in den 80er-Jahren in jeder DM Mietkos-
ten 77 Pfennig Zins beziehungsweise Zinseszins enthalten waren. In einer DM Wassergeld waren es 47 Pfennig.
Besonders erwähnen möchte ich noch das *Schwarzbuch
Kapitalismus* von Robert Kurz. Es ist eine Fundgrube von

Belegmaterial, er schildert die organische Geschichte des Kapitalismus – eines Organismus, der Geburt, Jugend, Reife, Alter und Tod durchmachen muss.

Das ewige Gerangel zwischen Regierungen, Gewerkschaften und Arbeitgebern kann die Macht des Geldes nicht brechen, solange nicht zu mutigen und drastischen Maßnahmen wie der der «Entwertung» des Geldes gegriffen wird. Denn die Macht der großen Geldbesitzer wird gerade von den Millionen Kleinsparern verstärkt, die der Bank oder der Börse ihr Erspartes zur Aufwertung anvertrauen. Wenn diese Menschen wüssten, dass alles Geld am Ende jedes Jahres per Gesetz eine Entwertung erfährt, wären bald manche Börsen leer und die Reichen würden schnell aufhören, die Armen gerade dadurch immer ärmer zu machen, dass diese aus Angst vor der Armut immer nur noch mehr sparen. Auch die Geldmächtigen selbst könnten einen Vorteil davon haben, sie könnten die Geldentwertung zum Anlass nehmen, sich auf die wirtschaftlichen Vorteile der Förderung der Talente der Menschen zu besinnen.

9. Geld, das lebt –
kann Geld jung sein oder alt werden?

Wenn das Geld mit der Zeit an Wert verliert, wird es lebendig gemacht, es wird einem Alterungsprozess unterworfen. Es bekommt wie alle anderen Dinge eine Art Lebenslauf mit Geburt und allmählichem Älterwerden, bis es letztlich beim Wert null ankommt und «abstirbt». In einem solchen System kann man nicht mehr sagen, Geld ist gleich Geld, sondern dann gibt es Geld und Geld. Es wäre ähnlich wie bei Autos: Es gibt ein nagelneues Auto, es gibt ein Auto mit 50 000 gefahrenen Kilometern und es gibt eine alte Kiste, für deren Verschrottung man noch zahlen muss.

Als Hersteller und Unternehmer – und das sind wir alle in vielerlei Hinsicht – würde jeder lieber «junges», neu eingeführtes Geld haben, Geld, das noch ein langes Leben vor sich hat und ein bestimmtes Projekt viele Jahre lang tragen kann. Für den Verbraucher taugt am besten «altes Geld», er braucht Handels- und Verbrauchskapital, bei dem es weniger auf den Geldwert ankommt als auf die Waren oder Dienstleistungen, die damit erworben werden können. Kaum ist hier das Geld in eine Hand gelangt, wandert es weiter zur nächsten.

Der Zugang zu jungem Geld kann unter anderem dadurch sachgerecht erschwert werden, dass der jährliche Wertverlust in den ersten Jahren geringer ausfällt als gegen Ende eines solchen «Geldlebens». So kann es am besten auch für unsichere oder innovative Investitionen eingesetzt werden.

Zwischen Investitions- und Handelskapital liegt das Leihkapital. Dieses Geld ist weder besonders jung noch besonders alt, sondern «mittleren Alters». Es taugt weder für die Produktion noch für den Verbrauch besonders gut. Der Lebenslauf des Geldes zeigt also eine Entwicklung, die sich zur Biografie des Menschen spiegelbildlich polar verhält: Der Mensch ist in der Mitte seines Lebens wirtschaftlich am produktivsten, das heißt besonders zum Hersteller geeignet. Umgekehrt ist das Geld in seiner Jugend besonders produktiv, um immer wieder Investitionen anzukurbeln, und im Alter besonders dynamisch wegen der Tendenz, so schnell wie möglich weitergegeben zu werden, bevor es ganz entwertet wird.

Für den Menschen ist es wirtschaftlich vorteilhaft, die mittlere, produktive Phase des Lebens möglichst auszudehnen. Das Geld ist dagegen in seiner Jugend am besten für die Anschaffung aller Produktionsmittel geeignet – dazu gehören zum Beispiel die Aus- und Fortbildung des Personals eines Unternehmens – und in seinem Alter für den täglichen Gebrauch, für den unmittelbaren Kauf und Verkauf von Waren. In beiden Fällen dient das Geld als reines Mittel.

Was ist damit gemeint, dass das Geld «lebendig» gemacht wird?

Wir können als Vergleich das Geldmodell heranziehen, das in England galt, bevor man die Bindung an die Goldreserven einführte. Von diesem Zeitpunkt an gewöhnten sich die Menschen daran, den Wert aller Währungen an ihrem Goldwert zu messen. Um das Geld wieder «lebendig» zu machen, muss ein neuer Wertmaßstab eingeführt werden, und zwar anstatt des «toten» Goldes der in Fluss sich befindende Zeitfaktor. Geld von der Zeit getrennt zu sehen, ist auch eine wirklichkeitsfremde Abstraktion, die nur in den Vorstellungen der Menschen existiert. In der Realwirtschaft altert das Geld tatsächlich, ob man sich das bewusst macht oder nicht. Und je älter es wird, je länger es sich anstaut, desto tiefer werden, bildlich gesprochen, die «Runzeln» der Wirtschaft.

Die drei Arten von Geld – junges, mittelaltes, altes – kann man mit den heute führenden Währungen in Beziehung bringen. So wie man nicht ohne Bedingungen Geld in eine hochgehandelte Währung eintauschen kann, so könnten Bedingungen eingeführt werden, um an das wertvolle «junge» Geld zu gelangen. Eine unterschiedliche Behandlung des Geldes nach Alter würde auch vor Augen führen, wie unzeitgemäß nationale Währungen in der Weltwirtschaft geworden sind. Durch den Alterungsprozess des Geldes wäre es nicht mehr möglich, bestimmte Währungen durch staatliche Maßnahmen zu stützen oder künstlich aufzuwerten. In einer gesunden Weltwirtschaft würde allein das Alter des Geldes seinen Wert bestimmen.

Wenn alles Geld durch das aufgedruckte Verfallsdatum unmittelbar erkennbar sein Alter zeigt, kann man unmöglich den Wert eines Geldscheins bestimmen, ohne sein Alter, seinen Zeitwert zu kennen. Der reine Nominal- oder Zahlenwert würde nicht mehr genügen. Geld, das gerade erst in Umlauf gebracht worden ist, wird aufgrund seiner Jugend begehrter sein als altes Geld. Mit dem Gold war es im Grunde nicht anders. Es bekam seinen Wert nicht dadurch, dass es sich im Vergleich zu anderen Metallen verändert hatte, sondern weil die Menschen anfingen, es mit anderen Augen zu sehen und höher zu schätzen. Ein Diamant in der Krone von England ist mehr wert als andere Diamanten, aber einzig und allein deshalb, weil die Menschen einen Diamanten auf dieser Krone anders schätzen. Das Anschauen, das «Ansehen» entscheidet über den Wert.

Beitrag: Der Zeitfaktor ist doch schon längst eingeführt worden. «Time is money» ist schon eine altbekannte Devise der Wirtschaft.

Ja, aber die Bindung an die Zeit ist auf die verkehrte Weise erfolgt: Je mehr Zeit vergeht, desto mehr steigert sich der Wert des Geldes. Bei der eben dargestellten Idee geht es um das genaue Gegenteil: Je mehr Zeit vergeht, umso weniger wert wird das Geld. Denn die Zeit entwertet alle Dinge, für die das Geld steht.

Weil das heutige Weltkapital danach strebt, sich immer weiter zu vermehren, werden die Geldberge immer größer und der Geldstau immer bedrohlicher. Wenn alles Geld dagegen eine Geburt, ein Altern, ein Sterben – und eine Neugeburt – erleben muss, wird auch der Wirtschaftsprozess weltweit in Bewegung gesetzt, es kommt ein organischer Prozess in Gang. Zu jeder Zeit ist auf der ganzen Welt nur so viel Geld vorhanden, als real zirkulieren und ausgetauscht werden kann.

Die Wachsamkeit des Einzelnen wäre schon allein durch die Tatsache wesentlich gefördert, dass er darauf achten muss, welches Geld er am schnellsten loszuwerden hat, ehe es entwertet wird. Für Fehler bekommt jeder seine Quittung, so wie derjenige eine Quittung bekommt, der seinem nicht mehr so jungen Körper jugendliche Purzelbäume zumutet.

Wie viel Geld muss sein?

Frage: Sollte in der Welt nicht genauso viel Geld vorhanden sein, als es dem Wert aller real vorhandenen austauschbaren Waren und Dienstleistungen entspricht?

Genauso ist es. Ein solcher Idealzustand ist natürlich nicht leicht herbeizuführen. Er kann nur durch immer neue Korrekturen angestrebt werden. Entscheidend ist, dass er wirklich ehrlich angestrebt wird. In der heutigen Wirtschaft ist das nicht der Fall, weil das Geld sich vermehren will und weil alles dem blinden Zufall des Marktes überlassen wird. Darin liegt die Ursache vieler sozialer Missstände. Das meiste vorhandene Geld kann gar nicht für den realwirtschaftlichen Prozess eingesetzt werden. Statt der kulturell-künstlerischen Produktivität durch Schenkung zur Verfügung gestellt zu werden, vermehrt es sich nur selbst ins Unendliche. Und es kann sich nur dadurch vermehren, dass es Zerstörungen in jeder möglichen Form hervorruft.

Es ist vergleichbar mit einem Körper, der zwei- oder dreimal mehr Blut in sich trägt, als für seine Gesundheit nötig ist. Dies würde ihn krankmachen und genau das wird durch das freischwebende Spekulationskapital bewirkt. Die ungerechte Übermacht des Geldes kann nicht anders, als immer wieder Zerstörungsherde zu erzeugen. Das sind die kleineren und größeren Kriege, ohne die das Weltkapital seine Macht nicht aufrechterhalten kann. Auch das künstliche Hervorrufen einer Inflation ist eine Waffe dieser Macht und kann bei Millionen Kleinsparern große Schäden anrichten.

Beitrag: *Sie haben angedeutet, dass der Mensch träge wird, wenn er viel Geld besitzt. Das kann man doch so pauschal nicht sagen. Wer mehr Geld hat, kann seine Begabungen doch besser pflegen, um sie dann auch für die anderen einzusetzen. Er kann eine persönliche Entwicklung im guten Sinne anstreben, und zwar in einem Maße, wie es mit weniger Geld nicht möglich wäre.*

Es ist da sehr wichtig, zwischen Geldbesitz und Geldumsatz zu unterscheiden. Ein Mensch, der sehr produktiv, der sehr schöpferisch ist, wird einen hohen Geldumsatz zustande bringen. Durch die Hochschätzung, die sein Schaffen genießt, wird er viel einnehmen und entsprechend viel ausgeben oder weiterschenken können. Und so ist es auch gut für die Gesellschaft.

Ganz anders ist es mit dem Besitz: Irgendwann einmal hat man viel Geld bekommen, zum Beispiel durch eine Erbschaft, aber man hat über Jahre viel weniger ausgegeben. Man hat einfach viel mehr Geld, als man braucht. So bleibt das Geld beim Besitzer, es staut und vermehrt sich, statt zu zirkulieren. Trägheit, träge sein heißt, die anderen für sich arbeiten zu lassen. Man ist nicht darauf angewiesen, irgendeine Gegenleistung zu erbringen.

Beitrag: *Aber Sie haben auch gesagt, dass Geldreichtum nicht glücklich macht. Das mit dem «träge» kann ich ja noch gelten lassen, aber ich kenne viele Menschen, die reich und glücklich sind. Und ich kenne nicht wenige, die unglücklich sind, weil sie zu wenig Geld haben.*

Glücklich oder unglücklich sein, ist wiederum etwas ganz anderes. Wenn wir Glück darin sehen, dass ein Mensch sich alles Mögliche gönnen kann, ist es gar keine Frage, dass zu diesem Glück Geld dazugehört. Wir reden aber jetzt nicht vom Geld, das ein Mensch einnimmt oder ausgibt – im Ausgeben wird er wohl glücklich sein können –, sondern vom Geld, das jemand zurückbehält, das er nur anhäuft. Dieses Geld kann höchstens einem zukünftigen, jetzt bloß vorgestellten Glück dienen.

Wer das Geld hortet, entzieht es den anderen, und dies kann er nur tun, wenn er wenig Interesse an den anderen hat, auch wenn ihm das gar nicht bewusst ist. Ich gehe hier davon aus, dass die Grundkraft der Menschennatur die Liebe, das Streben nach gegenseitiger Förderung ist, und dass diese Liebe der Maßstab des Glücks ist. Nur sich selbst etwas zu gönnen, ist eine sehr bescheidene Form des Glücks, weil sie nur von der Selbstliebe getragen wird. Für sich und die anderen schöpferisch zu sein ist eine anspruchsvollere Art von Glückserlebnis. Nur kennen vielleicht zu wenige

Menschen dieses größere Glück, die meisten geben sich mit weniger zufrieden.

Frage: Sie haben wiederholt erwähnt, dass die großen Ansammlungen von Kapital die Ursache von Zerstörungen oder sogar Kriegen sind. Können Sie das etwas weiter ausführen?

Man muss sich diese Berge von Geld anschaulich vorstellen. Was wollen die Mächtigen, die diese Berge besitzen? Sie wollen, dass ihr Kapital sich immer weiter vermehrt. Und was muss das Geld dafür tun? Wo kann man es am gewinnträchtigsten investieren?

Beim Übergang vom Zins zum Zinseszins haben die Banken ihre führende Rolle mehr und mehr der Börse abgetreten. Die Banken dienten, vor allem in ihrer Gründerzeit, einer Zinsbildung, die für die arbeitsteilige Produktion unentbehrlich ist. Die Börsen dienen dagegen vorwiegend der Zinseszinsbildung und diese kann nicht anders als der Wirtschaft die größten Schäden zufügen.

Heute ist es schon längst nicht mehr möglich, alles vorhandene Geld im realwirtschaftlichen Prozess zu verbrauchen, weil dieser nicht unbegrenzt Kapital verwerten kann. Die Frage ist also: Wohin mit dem ganzen Geld?

Man kann einem Staat Riesenkredite gewähren – die bekannten Staatsschulden, die in Wirklichkeit Bürgerschulden sind. Aber das genügt bei Weitem noch nicht, um das ganze Geld zu investieren. Man ist also gezwungen, Zerstörungsherde zu schüren, in denen der Wirtschaftsprozess nach der Zerstörung für den Wiederaufbau Kapital benötigt. Der Internationale Währungsfonds ist ja kein Solidaritätsfonds. In seinen Milliarden sind lediglich die finanziellen Ansprüche von vielen Einzelmenschen kristallisiert. Wir haben auch gesehen, dass es kein Zufall ist, dass der Waffenhandel zu den größten Geschäften der Wirtschaft gehört.

Oder denken wir an einen Menschen wie George Soros, den bekannten Spekulanten. In seinem Buch *The Crisis of Global Capitalism* bezeichnet er sich als Philanthrop, als Menschenfreund. Dort finden sich Sätze wie: «There is no consensus on moral values» – es gibt keine Einigung über moralische Werte, im Unterschied zu finanziellen (monetary) Werten. Er meint, dass wir uns auch über moralische Werte einigen müssen, dass wir einen neuen Maßstab für Glück nötig haben.

Nur eines sucht man in diesem Buch vergebens: Nirgendwo ist auch nur die leiseste Andeutung darauf, dass die Ursache der gegenseitigen Ausbeutung, im Kleinen wie im Großen, nicht in der Art des Umgangs mit den Geldbergen liegt, sondern in der Tatsache, dass sie überhaupt vorhanden sind. Dies vielleicht deshalb, weil Soros selbst der Besitzer von einem dieser Berge ist.

Beitrag: Sie haben erwähnt, dass zum Kreislauf des Geldes nicht nur die Freude am Ausgeben gehört, sondern auch die Fähigkeit, Geld anzunehmen. Dabei habe ich an die vielen Menschen gedacht, die ehrenamtliche Dienste ausüben, die sonst von keinem getan würden, obwohl sie für die Allgemeinheit sehr wichtig sind.

Natürlich bin ich sehr dafür, dass es Menschen gibt, die nicht um des Geldes willen, sondern aus reiner Schaffensfreude Leistungen erbringen, und die sich auch ohne Aussicht auf Entgelt für andere einsetzen. Aber wirtschaftlich gesehen wäre es gesünder, wenn man für jede in Anspruch genommene Leistung auch Geld ausgeben würde. Gerade darin liegt die Möglichkeit, die Zirkulation des Geldes zu maximieren. Ein Mensch mag seine persönlichen Gründe haben, kein Geld in Anspruch zu nehmen – wirtschaftlich gesehen verhindert er dadurch die Zirkulation. Das gilt genauso für den Empfänger einer Leistung, der auch seine ganz persönlichen Gründe haben mag, kein Geld herauszurücken, um sie gebührend zu schätzen.

Nehmen wir als Beispiel das groteske Schauspiel, das überall stattfindet: Der Staat gibt den Arbeitslosen nur dann Geld, wenn sie beweisen, dass sie auch wirklich nicht arbeiten. Nur wenn sie nachweisen, dass sie für die anderen nichts tun, bekommen sie Geld! Und wenn sie etwas tun, ohne dass es vom Staat erfasst und abgestempelt wird, nennt man das Schwarzarbeit. Die Bürger wären aber doch viel besser beraten, wenn sie die Reife hätten, selber ihre Angelegenheiten in die Hand zu nehmen. Der Staat besteht ja auch nur aus Menschen. Warum können die Menschen nicht selbst entscheiden, wer wem Geld gibt? Dies wäre ohne Weiteres möglich, wenn aus der allgemeinen Kasse alle ohne Unterschied das Nötige für ein menschenwürdiges Leben bekämen.

Frage: Meinen Sie damit, dass der Staat aufhören sollte,

unsere Gelder zu verwalten? Oder meinen Sie, wir
sollten generell den Banken weniger Geld geben?

Wir haben gesehen, dass die globale Geldwirtschaft für die arbeitsteilige Produktion stets über genügend Kapital verfügen muss. Die Wirtschaft braucht immer wieder Geldkredite, die am zweckdienlichsten von den Banken zur Verfügung gestellt werden können. Das hat alles seine Berechtigung und in diesem Zusammenhang ist das Leihen nicht nur berechtigt, sondern auch notwendig.

Die Lage ändert sich, das haben wir schon von verschiedenen Seiten beleuchtet, wenn wesentlich mehr Geldkapital gebildet wird, als in Form von Krediten von der Realwirtschaft verwertet werden kann. Dieses Kapital landet dann auf den Börsen, und dort wird spekuliert, um Gewinn in Form von Zinseszins zu erzielen. Auf diese Weise bekommen die Börsen eine Übermacht über die Banken.

Was kann man tun, damit weniger Geld an die Börsen gelangt? Jede Milliarde, mit der auf der Börse spekuliert wird, ist den Bürgern entzogen – denn von dort kommt sie. Die Bürger haben dadurch eine Milliarde weniger für ihre Angelegenheiten zur Verfügung. Aber das Geld ist nicht unter Zwang den Bürgern entzogen worden. Sie haben es zum größten Teil durch ihr freiwilliges Sparen den Banken oder Börsen gegeben. Und die Folge davon ist, dass mit jeder Milliarde weniger die Infrastruktur des Lebens immer mehr verkümmert und die Qualität immer weiter darunter leidet. Die Bürger sparen eine Milliarde, diese landet als Kapital an der Börse, und sie richten sich selbst dabei zugrunde, weil das Spekulationskapital nur seine weitere Vermehrung sucht. Das Schlimmste dabei liegt nicht einmal darin, dass die Bürger auf diese Milliarde für ihr Leben verzichten müssen, sondern darin, dass dieses Geld um des Zinseszinses willen zum Verderben derselben Bürger «investiert» werden muss.

Wenn jeder Erwerbsfähige in Deutschland im Durchschnitt jährlich auch nur 1 000 Euro weniger sparen und sie den Menschen geben würde, die er in seinem unmittelbaren Umkreis schätzt, wenn jährlich 1 000 Euro mehr von einem Menschen zum anderen aufgrund der Wertschätzung von individuellen Leistungen wandern würden, hätten wir bei etwa 40 Millionen Erwerbsfähigen gleich 40 Milliarden Euro mehr pro Jahr, über die die Bürger selbst in ihrem Alltag verfügen könnten.

Die Konzentration von Kapital ist nur bis zu einer gewissen Grenze von Vorteil – nur soweit die arbeitsteilige Wirtschaft davon profitiert. Jenseits dieser Grenze verkehrt sie sich in ihr Gegenteil, dort fängt die Anhäufung an, zerstörerisch zu wirken. 40 Milliarden Euro können fördernd sein, solange sie nicht als Einheit – als geballte Riesenmacht – auftreten, sondern tropfenweise die Beziehungen der Menschen durch feinverzweigte Zirkulation beleben. Wenn sie aber dem täglichen Leben entrissen werden, wenn ein einziger Wille auf einmal darüber verfügt, dann kommt zum Schaden des Aderlasses der noch größere Schaden hinzu, dass dieses Geld, um sich zu vermehren, Zerstörung anrichten muss.

Für eine Erfassung des Wirtschaftsprozesses muss man den wichtigen Unterschied zwischen breiter Zerstreuung und konzentrierter Ballung beachten. Tausend Milliarden Euro, die von Mensch zu Mensch in kleinsten Beträgen und über eine längere Zeit ausgetauscht werden, wirken ganz anders als tausend Milliarden, die als geballte Einheit auf einmal eingesetzt werden. Die Letzteren haben unter Umständen die Macht, den Zins zu erhöhen, mit weitreichenden Folgen für die Gesamtwirtschaft. Die kleinen Teilbeträge können das nicht tun. Eine Landschaft kann durch regelmäßigen Regen fruchtbar erhalten werden, aber dieselbe Menge Wasser wirkt ganz anders, wenn sie bei einem Dammbruch als geballte Einheit auf die Erde trifft.

Was geschieht in einem Land wie Russland durch die Riesensummen des vom Internationalen Währungsfonds geliehenen Geldes? Zu diesem Geld haben in Russland nur wenige Mächtige Zugang und diese müssen so damit umgehen, dass sie mindestens einen Teil der Zinsen zurückbezahlen können. Vorher sorgen sie aber noch dafür, dass genügend Geld in ihre eigenen Taschen fließt. Die wirtschaftliche Lage der Bevölkerung insgesamt kann durch dieses Verfahren mehr Nachteile als Vorteile erfahren.

Frage: Es geht also nicht um die Bezahlung dafür, dass jemand etwas leistet. Denn wenn jeder das Nötige für sein Leben bekommt, braucht keiner mehr für den Lebensunterhalt zu arbeiten. Wofür wird denn dann das Geld gegeben?

Wir müssen hier scharf zwischen dem bloßen Bezahlen und dem Wertschätzen unterscheiden. Beim Wertschätzen ist der Verbraucher mit seinen Bedürfnissen der Maßstab, nicht der Hersteller. Wenn ich eine Dienstleistung in Anspruch nehme, frage ich mich: Wie viel ist sie mir wert? Wenn ich sie hoch schätze, wenn sie mir viel wert ist, weil ich mich durch sie gefördert fühle, dann will ich dem Hersteller auch so viel Geld wie möglich geben, nicht nur um meiner Dankbarkeit Ausdruck zu verleihen, sondern vor allem auch, um sicherzustellen, dass er die von mir geschätzte Leistung weiterhin erbringen kann. Deswegen beziehen wir auch das Bezahlen eher auf die Arbeit als auf die Leistung.

Wenn bloß die abstrakte Arbeit bezahlt wird, wollen wir beim Bezahlen so wenig Geld wie möglich ausgeben. Aber die Wert- oder Hochschätzung hat mit der Arbeit als solcher nichts zu tun, sie hat alles mit dem Ergebnis der Arbeit zu tun, mit der ganz konkreten Leistung als Ware. Wenn jemand arbeitet und arbeitet, aber nichts dabei herauskommt und ich als Verbraucher nichts davon habe, was gibt es da zu schätzen oder zu bezahlen? Die Bezahlung einer Arbeit, der keine reale Leistung oder Ware entspricht, ist in Wirklichkeit eine erpresste Schenkung.

Schauen wir auf die Art und Weise, wie wir die Menschen bezahlen, die im kulturellen Bereich, im freien Geistesleben tätig sind. Die meisten bekommen einen Hungerlohn, weil wir sehr geizig sind mit dem Bezahlen in diesem Bereich. Wenn dagegen eine Grundeinstellung der Hochschätzung allem Kulturellen, allem Geistigen gegenüber vorhanden wäre, wenn wir ohne Geist gar nicht leben könnten, dann würden auch die «Geistesberufe» und das Streben um Erneuerung von Kunst und Religion zu den Tätigkeiten gehören, die genügend Geld einbringen.

Beitrag: *Und plötzlich würden sich alle für Künstler halten!*

Warum nicht? Hauptsache, sie halten sich nicht nur dafür, sondern sie verhalten sich auch so! Das ist jedem Menschen zu jeder Zeit möglich und auch jedem zu wünschen. Es gehört ja wesentlich zur modernen Wirtschaft, dass durch den Fortschritt der Technik die Maschinen in vielen Bereichen die Arbeit des Menschen ablösen. Und das ist auch gut so, denn dadurch bekommt der Mensch immer mehr Freizeit zur Verfügung, Zeit, die er für nichtmaschinelle Tätigkeiten verwenden kann. Es wird sehr viel unnötige – oft sogar schädliche – «Arbeit» geleistet, die nur den Zweck erfüllen soll, Geld zu verdienen. Manche Firmen haben zum Beispiel die Erfahrung gemacht, dass nachdem ein guter Teil des sogenannten Managements rausgeschmissen wurde, der Umsatz deutlich gestiegen ist. Viele Arbeitsplätze dienen nur als Ausrede, um höhere Gehälter einzuheimsen oder um den Schein des Ansehens zu bewahren. Das ist alles wirtschaftlich gesehen Schmarotzertum. Wenn wir nur die Arbeit tun würden, die wirklich für alle notwendig ist, würde es vielleicht genügen, dass jeder Mensch im Durchschnitt nicht länger als höchstens drei bis vier Stunden am Tag arbeitet.

Beitrag: *Der erste Geiger der Wiener Philharmoniker, Otto Strasser, hat seine Biografie geschrieben mit dem Titel ... und dafür wird man noch bezahlt. Damit meinte er doch wohl, dass er für*

seinen herrlichen Beruf eigentlich gar nicht be-
zahlt werden müsste.

Vorausgesetzt, er kann sich seine Brötchen von anderen Quellen kaufen, auch ohne seine Tätigkeit bezahlt zu bekommen. Er redet ja auch von Bezahlung, nicht von Wertschätzung. Wenn der Staat ihm keinen Lohn zahlen würde und die Menschen ihm viel Wertschätzungsgeld – oder Schenkungsgeld, was ja dasselbe ist – geben möchten, würde er das Geld zurückweisen? Nehmen wir an, die Menschen wollen ihm mit ihrer Wertschätzung sagen: «Du bist ein großartiger Künstler, wir möchten, dass sich um dich herum eine Kunstschule für unsere Jugend bildet, und die braucht viel Geld.» Der heutige Kunstbetrieb wird meistens weder geschätzt noch bezahlt, sondern staatlich subventioniert, was noch deutlicher für den Geiz der Bürger dem Geist gegenüber spricht, denn Kunst sollte zu den wichtigsten Schöpfungen des Geistes gehören.

Frage: Was meinen Sie eigentlich mit dem Wort «wert-
schätzen»?

Mit Wertschätzung ist gemeint, dass der Empfänger einer Leistung konkret «einschätzen» kann, wie wichtig sie für ihn ist, wie er sich davon gefördert fühlt, wie gut sie ihm tut. Die Schätzung ist also die Gegenleistung für eine empfangene und ganz individuell erlebte Förderung. Von der Arbeit als solcher empfängt der Verbraucher gar nichts, sie geht ihn auch nichts an. Was kümmert es die Leser eines Buches, wie viel der Schriftsteller daran gearbeitet hat? Allein das Resultat seiner Arbeit, das Buch, interessiert sie. Nur das können sie schätzen – und das tun sie auch.

Beitrag: *Sie haben so nebenbei bemerkt, als ob das selbstverständlich wäre, dass das Schenken – oder das Wertschätzen – im Beschenkten den Wunsch erzeugt, selbst auch zu schenken. Das erlebe ich in meinem Umkreis aber anders. Zum Beispiel werden die Eltern, die ihre Kinder am meisten beschenken, von den Kindern oft am wenigsten geachtet.*

Ich bin der Auffassung, dass auf einen Menschen, der in einer Umgebung aufwächst, in der gerne geschenkt wird, diese Grundeinstellung wie die Liebe selbst wirkt – nämlich ansteckend. Wenn das nicht so ist, dann nicht deshalb, weil er in der Jugend viel beschenkt wurde, sondern trotz dieser Tatsache. Die Ursachen dafür, dass er sein Herz den anderen gegenüber verschließt, liegen woanders. Wenn nicht andere Ursachen dazwischenkommen, bewirkt ein Mensch, der gerne schenkt, in allen Beschenkten den Wunsch, Liebe mit Liebe zu vergelten.

10. Gläubiger
und Schuldner

Gläubiger und Schuldner sind zwei Begriffe, die dem theologischen Sprachgebrauch entlehnt sind. Der Gläubige ist einer, der den Glauben an Gott hat, und der Schuldner ist einer, der eine Sünde begangen hat, der moralische Schuld auf sich geladen hat. Die Tilgung der Schuld erfordert eine Sühne, die darin besteht, dass die böse Tat wiedergutgemacht wird.

In der Wirtschaft muss derjenige, der Geld schuldet, nur das Geld zurückgeben, er hat keine moralische Schuld auf sich geladen. Er schuldet lediglich das Geld, im Normalfall vermehrt um den Zins. Der Zins kann von ihm durchaus als «Strafe» für seine Schuld empfunden werden. Wieso wird aber derjenige, der Geld verleiht, zum Gläubiger? Etwa weil er glaubt, dass er das Geld irgendwann zurückbekommt? Das könnte höchstens eine Sache der Hoffnung sein, nicht aber des Glaubens. Hier hilft nur die ursprüngliche Bedeutung des Wortes «Glaube», und diese ist: Vertrauen.

Der Gläubiger muss Vertrauen in die Begabungen seines Schuldners haben, denn nur diese können dafür garantieren, dass das Geld zurückerstattet wird. Gute Absichten allein reichen dafür nicht aus. Und wenn Vertrauen in die Fähigkeiten des Schuldners vorhanden ist, warum ihm nicht gleich das Geld schenken, wenn man es gerade selbst nicht nötig hat? Wenn ich derjenige bin, der Geld braucht, dann weiß ich wohl, was am besten meine Begabungen fördern würde, ich weiß genau, was mir lieber wäre: nicht das unfrei machende Ausleihen, sondern die Freiheit gewährende Schenkung!

Aber schauen wir noch genauer, was durch das Leihen geschieht. Die Menschen werden dadurch in zwei Gruppen geteilt, in Gläubiger und Schuldner. Die Gläubiger sind diejenigen, die ein Vorrecht den anderen gegenüber beanspruchen, die Schuldner sind diejenigen, die eine Verpflichtung ihnen gegenüber eingehen. Wenn dies zum Dauerzustand wird – und für viele Menschen ist es in der Tat ein Dauerzustand –, wird die Gleichheit der Menschenwürde regelrecht untergraben, die darin besteht, dass alle Menschen als Menschen gleich sind, dass sie die gleichen Rechte und die gleichen Pflichten haben. In dieser Gleichheit besteht die Würde des Menschen und nur im Erfahren dieser Gleichheit kann jeder Mensch seine Würde bewahren.

Wenn jemand behauptet, dass alle Menschen gleich sind, wird man immer einwenden können, dass diese Gleichheit eine reine Abstraktion ist, weil die Menschen in Wirklichkeit sehr unterschiedlich sind, sowohl bezüglich ihrer Bedürfnisse als auch im Hinblick auf ihre Begabungen. Man wird niemals theoretisch darüber einig werden können, welche Bedürfnisse und welche Begabungen ein Recht auf Befriedigung oder auf Entfaltung haben.

Aber die Rechte und die Pflichten, die sich auf Bedürfnisse und Begabungen beziehen, sind für alle Menschen gleich. Jeder Mensch empfindet das gleiche Recht auf Befriedigung seiner Bedürfnisse und auf Entfaltung seiner Begabungen. Dem, der ihm dieses Recht durch Machtausübung abspricht, wird er vorhalten, ungerecht und unmenschlich zu handeln. Er wird das Recht empfinden, etwas dagegen zu unternehmen, um seinen Rechten Geltung zu verschaffen. Die Maxime der Menschlichkeit lautet also: «Du hast nur Anspruch auf diejenigen Menschenrechte, die du in gleichem Maße dem anderen zugestehst und die du dir zur Pflicht machst.»

Die Selbstliebe ist dem Menschen angeboren, die Nächstenliebe kann er sich nur in Freiheit erringen. Anders ausgedrückt: Jeder gibt seinen eigenen Rechten von Natur aus mehr Gewicht als den Rechten des anderen, die er als Pflichten erleben muss. Dies zeigt sich sehr deutlich in der Beziehung zum Eigentum: Jemand macht sich etwas «zu eigen» und beachtet vielleicht dabei nicht, wem er das wegnimmt, was er sich zu eigen macht.

Jeder Mensch möchte gerne finanziell selbstständig sein, nur kann man dabei leicht übersehen, dass gerade in wirtschaftlicher Hinsicht keiner ohne die anderen leben kann. Selbstständigkeit ist möglich in der Entfaltung von Begabungen, aber nicht in der Befriedigung von Bedürfnissen. Die alten östlichen Kulturen haben sehr die gegenseitige Abhängigkeit der Menschen betont; die westliche Kultur hat besonderen Wert auf die Unabhängigkeit des Individuums gelegt.

Aber jeder Mensch schuldet alles, was er ist – nicht nur alles, was er hat –, allen anderen Menschen, weil er ohne sie gar nichts hätte werden können. Dies gilt für den Gläubiger nicht weniger als für den Schuldner. Jeder Mensch ist so gesehen in jeder Hinsicht ein Schuldner. Und auf der anderen Seite ist jeder Mensch aufgrund seiner einmaligen

Fähigkeiten durch und durch ein Gläubiger: Er ist glaubwürdig, würdig des vollen Vertrauens vonseiten aller anderen Menschen, die ihm infolgedessen Kredit – auch Geldkredit – für die weitere Entfaltung und Ausübung seiner Fertigkeiten zur Verfügung stellen. Und wir können auch umgekehrt sagen: Jeder Mensch kann sich in tausenderlei Hinsicht als Gläubiger betrachten, weil alle anderen Menschen vielfältige und einmalige Fähigkeiten haben, die ihm zugutekommen.

Die Macht des Geldes

Wir können die Menschen in Bezug auf das Geld in zwei Lager teilen: diejenigen, die zu viel, und diejenigen, die zu wenig Geld haben.

Man könnte vielleicht einwenden: Es gibt aber noch eine dritte Kategorie, nämlich die, die genug Geld haben. Das mag in der Theorie richtig sein, in Wirklichkeit gibt es aber kaum Menschen, die von sich behaupten, genug Geld zu haben. Selbst diejenigen, die viel mehr besitzen, als sie gebrauchen können, wären nie zu einer solchen Anhäufung von Geld gekommen, wenn sie nicht unaufhörlich nach mehr gestrebt hätten.

Was macht ein Mensch, der von seinem Geld lebt, der genug Kapital besitzt und nicht arbeiten oder etwas leisten muss, um seinen Lebensunterhalt zu bestreiten? Es ist eine täuschende Abstraktion, zu sagen, dass er von seinem Geld lebt. Wenn das wahr wäre, müsste er seine Geldscheine essen oder trinken. In Wirklichkeit lebt er von den Waren und Dienstleistungen, die andere Menschen für ihn erzeugen oder erbringen, und er tut dies ohne Gegenleistung, wenn er wirklich von den Zinsen seines Kapitals lebt.

So muss man eigentlich sagen: Von Geldkapital zu leben, ist eine Form von verkappter Erpressung, ist die moderne Form des Schmarotzertums, der Versklavung anderer. Das Geld, das ein Mensch als Bezahlung für eine von ihm erzeugte Ware oder als Schätzung für eine von ihm erbrachte Leistung empfängt, setzt voraus, dass er die Ware oder die Leistung dem Zahlenden hat zukommen lassen. Nur das Geld, das aufgrund einer erfolgten Leistung empfangen wird, gibt dem Empfänger den gerechten Anspruch auf eine entsprechende Gegenleistung.

Die Macht des Geldes erzeugt also einen zweifachen Zwang: Einerseits wird ein Mensch gezwungen, für den eigenen Lebensunterhalt zu arbeiten, und andererseits hat ein anderer die Möglichkeit, ihn zu zwingen, auch noch für seinen Lebensunterhalt zu arbeiten.

Man wird vielleicht einwenden: Aber ist es nicht ganz normal, dass jeder sein Geld verdienen muss? Es ist «normal» in dem Sinne, dass es heute üblich ist. Aber dieses Übliche ist für die Wirtschaft nicht gesund. Gesund wäre es, jedem Menschen das Nötige für das Leben zu schenken, ganz unabhängig von seiner Leistung. Dass diese Schenkung nicht erfolgt, bewirkt gerade, dass manche zu viel Geld haben und von ihrem Geld leben können, was in Wirklichkeit bedeutet: von erpressten Schenkungen derer, die für sie arbeiten oder etwas leisten.

Anders wäre es, wenn die Menschheit insgesamt für den weltwirtschaftlichen Prozess «zu wenig Geld hätte», das heißt, nicht genügend Waren und Dienstleistungen für alle Menschen erzeugen könnte. Aber dies ist nicht der Fall. Auch wenn nicht alle dazu fähigen Menschen ihr Bestes geben, genügen die tatsächlich Schöpferischen allemal, um für alle zu sorgen. Die Menschheit wird nie ohne eine genügende Zahl von schöpferischen Menschen bleiben, weil die Freude am Schaffen dasjenige ist, was der Mensch am meisten sucht. Diese Freude liegt in der Natur des Menschen. Schöpferische Menschen sind immer genug da, und wenn sie sich frei entfalten könnten, wären sie in ihrer unverwüstlichen Schaffensfreude für alle Menschen in höchstem Maße produktiv.

Ist es nicht so, dass die existenzielle Sorge um das reine Überleben in vielen Regionen der Erde schon längst nicht mehr vorhanden ist? Und wenn das Weltkapital gleichmäßig zirkulieren würde, wäre dies nicht für alle Regionen der Erde der Fall?

Auf der anderen Seite, wenn wir darauf angewiesen wären, dass alle Menschen produktiv arbeiteten, könnten wir gar nicht die Kinder, die Rentner und die Arbeitsunfähigen mittragen. Dass die wirtschaftlich Produktiven dies ohne Weiteres können, zeigt, dass die sogenannte Vollbeschäftigung gar nicht der Gesundheit des sozialen Organismus entspricht. Einen Arbeitsplatz zu besitzen und Geld dafür zu bekommen heißt noch lange nicht, für die anderen produktiv zu sein. Das Problem der Gerechtigkeit liegt also weniger in der gerechten Verteilung der Arbeit als in der gerechten Verteilung der Waren und Dienstleistungen, die diejenigen erbringen, die in der Kreativität ihr Glück erleben.

Man könnte hier einwenden: In einem Organismus sorgen alle Organe füreinander und nicht nur ein Teil für alle anderen. Aber dazu muss gesagt werden, dass die Menschheit erst auf dem Weg ist, immer mehr zu einem Organismus zu werden; dies immer vollkommener zu tun, liegt in der Freiheit der Menschen. Und noch eine andere Tatsache müssen wir berücksichtigen: Ein Mensch, der nicht im äußerlichen Sinne wirtschaftlich produktiv sein kann, kann auf andere, uns vielleicht verborgene Weise in seiner Seele und in seinem Geist den anderen dienen.

Es bleibt also dabei: Menschen, die aus Schaffensfreude arbeiten, arbeiten produktiver als andere. Wenn immer mehr Menschen zu dieser Einsicht kommen und diese Erfahrung machen, wird die Produktivität in allen Bereichen des Lebens steigen. Als Folge werden mehr und mehr Menschen die Möglichkeit haben, weniger der Herstellung von materiellen Gütern ihre Kräfte und ihre Zeit zu widmen, um umso schöpferischer in allen Bereichen der Kultur sein zu dürfen. Diese Entwicklung wird durch die Tatsache gefördert und beschleunigt, dass die Maschinen dem Menschen immer mehr Arbeit abnehmen.

Am schädlichsten für die Wirtschaft ist die Tatsache, dass Millionen Menschen lieber die Arbeit verrichten, wo sie mehr Geld verdienen, als die Arbeit, wo sie ihr Bestes für die Allgemeinheit leisten können. Diese Tatsache trägt wesentlich zur Lähmung der Produktivität bei. Sie ist dem

Umstand zu verdanken, dass der Mensch dazu gezwungen wird, seinen Lebensunterhalt durch Arbeit zu verdienen. Dies wäre nicht nötig, wenn jeder Mensch unabhängig von Leistung das Nötige für ein menschenwürdiges Dasein «geschenkt» bekäme, was in einer fortgeschrittenen Geldwirtschaft ohne Weiteres möglich ist.

11. Privatbesitz
oder Kollektiveigentum?

Der Kommunismus, die Festlegung auf Gemeineigentum, ist sehr um Gemeinschaft und Gleichheit bemüht, und doch ist diese Gleichheit oft nur eine Gleichheit der Armut, die von Einschränkungen der individuellen Freiheit und der unternehmerischen Initiative des Einzelnen verursacht wird. Das hat die wirtschaftliche Entwicklung in einigen Ländern im Osten gezeigt.

Der Kapitalismus hat mit seiner Festlegung auf Privateigentum individuelle Freiheiten ermöglicht, sehr oft aber auf Kosten des Gemeinwohls und der Gleichheit. Dieses System ist nur deswegen noch nicht zusammengebrochen, weil der freie Unternehmergeist überaus produktiv ist, weil er der Menschennatur besser entspricht als jede staatliche Reglementierung. Durch seine Produktivität fielen bis jetzt genug Brosamen selbst für die ärmsten Schichten der Bevölkerung ab. Oder sagen wir: Die breite Masse hat sich bis jetzt mit diesen Brosamen zufriedengegeben, zumal bis vor Kurzem noch deutlich zu sehen war, wie schlimm es im Osten bei denen aussah, die den Segen des Kapitalismus nicht genießen konnten. Nur wird der Ruf nach mehr Gerechtigkeit auch im Westen mit der Zeit immer lauter.

Durch die Jahrzehnte des Kalten Krieges hindurch haben sich viele Menschen daran gewöhnt, Kommunismus und Kapitalismus als Gegensätze zu betrachten, als eine alternativlose Wahl, wo es darum geht, sich für die richtige Seite zu entscheiden.

Aber das, was beide Systeme gemeinsam haben, ist noch viel bedeutsamer als all ihre Gegensätzlichkeiten. Und gemeinsam haben sie die Bejahung des Eigentums. Ob das Eigentum privat oder kollektiv ist, ist wirtschaftlich gesehen nebensächlich, wenn wir die Folgen in Betracht ziehen, die in beiden Systemen das Besitzen als solches hervorruft. Ich beziehe mich hier auf das, was Besitz und Eigentum gemeinsam haben, und lasse die rechtlich relevante Unterscheidung unberücksichtigt.

Wie gerade angedeutet tendiert das Privateigentum im Kapitalismus dazu, die Gleichheit der Menschen und damit auf Dauer den sozialen Frieden zu gefährden. Mit dem Privatbesitz wird der Unternehmergeist zwar gefördert, aber der einseitige Egoismus des Einzelnen, der unerbittliche Kampf ums Dasein droht mit der Zeit die Menschlichkeit im Umgang miteinander zu zerstören. Das Kollektiveigentum neigt andererseits dazu, die Freiheit des Einzelnen so gravierend einzuschränken, dass die wirtschaftliche Lage früher oder später unerträglich wird. Wenn die Produktionsmittel allen gehören, entstehen Beamtentum und die Tendenz zur Unverantwortlichkeit. Keiner fühlt sich für die Dinge zuständig, weil keiner sie besitzt.

Es ist offensichtlich, dass beide Übel gleichermaßen eine Wirkung des Besitzens, des Besitzdenkens und des Besitzenwollens mit all ihren Folgen sind. Nur wenn man das Besitzen – ganz gleich ob kollektiv oder privat – als tieferen Ursprung der Krankheiten des sozialen Organismus in Ost und West ansieht, kann man auch nach einer besseren Alternative zum Besitzen suchen.

Die Sprache hat ein und dasselbe Wort für Besitzen und für Besessen-Sein. Hat jemand lange genug etwas besessen, wird er selbst davon «besessen». Besitzen erzeugt im Besitzer die Sorge, dass sein Besitz ihm verloren gehen könnte. Nur wer viel besitzt, kann Angst haben, viel zu verlieren. Darum muss er fest darauf sitzen und büßt seine freie Beweglichkeit ein.

Gibt es eine bessere Alternative zum Besitzen? Ja, es gibt eine. Sie besteht darin, dass man das Gute von beiden Systemen beibehält und das Schlimme von beiden vermeidet! Dies kann man erreichen, indem man das Eigentumsrecht in ein Nutzungs- oder Verwaltungsrecht umwandelt. Das geschieht dadurch, dass man einem Menschen das Recht auf ausschließlichen Gebrauch dessen zuspricht, was er an Produktionsmitteln für den Einsatz seiner Fähigkeiten nötig hat und infolgedessen am besten verwalten kann.

Nehmen wir an, ein dazu geeignetes und befugtes Gremium beschließt, dass ein bestimmter Mensch aller Voraussicht nach die Begabung hat, zum Wohl der Allgemeinheit ein Unternehmen zu führen. Ihm wird gesagt: «Dieses Unternehmen ist nicht dein Eigentum, denn es gehört in Wirklichkeit allen Menschen. Aber weil wir der Meinung sind, dass du dieses Unternehmen am besten zum Wohl aller führen kannst, wird dir das Recht zugesprochen, unentgeltlich von seinen Produktionsmitteln und dem Kapital, das dazugehört, von jetzt an ausschließlichen Gebrauch zu machen, sie in deinem Sinne zu verwalten. Du hast ab jetzt das Recht, ganz nach deinen individuellen Begabungen über den Gebrauch dieser Gegenstände zu verfügen.»

Benutzen ist besser als Besitzen

In der völligen Freiheit des Gebrauchs, des Verwaltens, liegt der Unterschied zum Kommunismus; in der Möglichkeit, das Gebrauchsrecht wieder entzogen zu bekommen, liegt der Unterschied zum Kapitalismus.

Was braucht der Mensch noch mehr, wenn er über die für eine gewisse Tätigkeit nötigen Produktionsmittel und über das nötige Kapital frei verfügen kann? Was fehlt ihm im Vergleich zum Besitzen? Außer den Sorgen des Besitzens gar nichts!

Hier kommt uns die Sprache wieder zu Hilfe: Sie sieht nur im Benutzen die Möglichkeit des Genießens, nicht aber im Besitzen. Wir reden vom «Nutznießer», nicht aber vom «Besitznießer»! Im Buch des amerikanischen Trendforschers Jeremy Rifkin *Access – Das Verschwinden des Eigentums,* ist gerade dies der Kerngedanke: Das Besitzen von etwas wird immer mehr zum wirtschaftlichen Nachteil. Die «Entsorgungskosten» jedes Besitztums werden immer mehr Sorgen bereiten. Eine Bank, die sich plötzlich gezwungen sieht, einige hundert Filialen zu schließen, muss die Gebäude, die sie besitzt, entsprechend teuer entsorgen. Vorteilhaft wird dagegen immer mehr der Zugang, der Zugriff zu etwas. Zugriff ist ein anderes Wort für die Möglichkeit, etwas frei zu verwalten, darüber zu verfügen, es zu benutzen oder zu gebrauchen – ohne es zu besitzen. Sagt man nicht auch auf Deutsch: Besitz verpflichtet?

Auf diese Weise kann etwas Wichtiges erreicht werden. Beim Privatbesitz ist es kaum möglich, den Besitzer zur Rechenschaft zu ziehen, aber jetzt kann er zur Rechenschaft gezogen werden für die Art und Weise, wie er von seinem Nutzungsrecht Gebrauch macht. Denn so wie ihm nur durch gesetzlich geregelte Vereinbarung das Recht auf ausschließliche Nutzung zuerkannt wurde, so kann ihm auch zu jeder Zeit dieses Recht wieder abgesprochen werden. Dadurch wird verhindert, dass er aus Egoismus die Gesellschaft ausbeutet, wie es im Kapitalismus möglich ist und vielfach auch geschieht.

Und wie vermeidet man die negativen Folgen des Kommunismus, das Beamtentum, die bürokratische Erstickung der individuellen Freiheit? Durch genau dasselbe Mittel! Der Nutznießer weiß, wenn er nicht sein Bestes gibt und zeigt, dass er seine Fähigkeiten für das Gemeinwohl einsetzt, wird ihm das Recht auf Verwaltung abgesprochen. In der Ausführung ist ein solches Modell gewiss kompliziert, aber möglich ist es. Es muss nur genug Menschen geben, die es wollen und tun.

Der Hauptgedanke ist: Wir gebrauchen die Dinge, die wir für unsere Tätigkeit brauchen, aber wir haben es niemals nötig, sie zu besitzen. Die soziale Wirksamkeit des Besitzens liegt einzig und allein in der Art und Weise, wie die Dinge verwendet oder verwaltet werden. Zwei Menschen können Vergleichbares besitzen, aber einen sehr unterschiedlichen Gebrauch davon machen: der eine zum Wohl, der andere zum Schaden der Allgemeinheit. Durch unumstößliches Privateigentum wird die Allgemeinheit der Willkür des Einzelnen ausgesetzt. Unter der Willkür von einzelnen Menschen, die große Besitztümer haben, sei es in Form von Geld, von Produktionsmitteln oder Immobilien, wird heute Unsägliches gelitten.

Beitrag: *Wenn es aber jemanden geben soll, der das Recht auf ausschließlichen Gebrauch erteilen darf, dann ist dieser ja der eigentliche Besitzer der Dinge.*

Es ist nur das Recht auf Verwaltung, das von einem Menschen auf einen anderen übergeht. Zu keiner Zeit ist es nötig, dass jemand besitzt. Auch wer das Recht auf Gebrauch ab- oder zuspricht, ist zu keiner Zeit Besitzer. Die Überleitung des Rechtes kann wiederum als Verwaltung bezeichnet werden, nicht aber als Besitz. Wenn jemandem das Recht auf ausschließlichen Gebrauch abgesprochen wird – oder nehmen wir an, er stirbt –, muss bloß jemand da sein, der einem anderen das Recht erteilt.

Schauen wir das noch konkreter an: Jemand hat zwanzig Jahre lang ein Eisenbahnunternehmen geleitet, weil ihm aufgrund seiner Begabung vor zwanzig Jahren das Recht zugesprochen wurde, der ausschließliche Verwalter oder Nutzer dieses Unternehmens zu sein. Er hat die ganze Zeit die Firma niemals besessen und auch niemals das Besitzen vermissen müssen. Jetzt stirbt er. Da geht das Unternehmen nicht in den Besitz eines anderen über, denn zu keiner Zeit hat es jemand besessen. Es muss nur wieder jemand gefunden werden, der wiederum aufgrund seiner Fähigkeiten das Recht zugesprochen bekommt, ab jetzt ausschließlichen Gebrauch davon zu machen.

Frage: Aber wer soll denn dieses Recht zusprechen?

Das ist die schwierige Seite der Sache. Geeignete Gremien für diese Aufgabe in allen Bereichen des Lebens zu bilden, wird wohl die schwierigste, aber auch wichtigste soziale Aufgabe auf Jahrhunderte hin sein. Und dies nicht nur auf lokaler oder nationaler Ebene, sondern in einer globalisierten Wirtschaft vor allem auf internationaler Ebene. Es ist im Grunde nicht leichter und nicht schwieriger, als gute Richter zu finden.

In der Formulierung «Recht auf ausschließlichen Gebrauch» sind alle drei Grundelemente des sozialen Organismus enthalten. Im «Recht» steckt das für alle gültige Gesetz, denn es muss eine rechtliche Grundlage für jede Übertragung von Gebrauchsrechten gegeben sein. Der «Gebrauch» weist auf die wirtschaftliche Seite der Sache hin: Die Dinge werden gebraucht, es wird damit gewirtschaftet, es werden Waren erzeugt und Dienstleistungen erbracht. Und das Wort «ausschließlich» weist auf das freie Schaffen des Individuums mit seinen besonderen Fähigkeiten hin. Kein anderer darf in seine Entscheidungen hineinpfuschen. Das Recht auf Gebrauch wird einem konkreten Menschen zugesprochen. Die Freiheit des Einzelnen wird dabei gewahrt: Er muss ungehindert, in voller Freiheit seine Talente für das Allgemeinwohl einsetzen können.

Es kann nicht eine Einzelperson sein, die eine solche Entscheidung des Rechtszuspruchs trifft. Sehr viele Informationen müssen da zusammenfließen. Alle drei erwähnten Bereiche des Sozialen müssen vertreten sein. Es muss eine

Person dabei sein, die die rechtlichen Grundlagen der Übertragung von Rechten kennt. Dann eine Person, die sich im Wirtschaftsleben auskennt und zum Beispiel sagen kann: «Unser Kandidat muss fähig sein, den Gebrauch in eine gewisse Richtung zu lenken, weil zurzeit in dieser Wirtschaftsbranche eine gewisse Dienstleistung den Vorrang haben muss.» Und eine weitere Person muss den Betreffenden und seine individuellen Begabungen gut kennen.

In der heutigen Wirtschaft kann die menschliche Vernunft nur dann über den blinden Zufall des Marktes siegen, wenn auf allen Ebenen Zusammenschlüsse von Produzierenden, Handelnden und Verbrauchenden gebildet werden.

Weil es eine schwierige, gewaltige Aufgabe ist, solche Gremien für alle Tätigkeiten der Wirtschaft vor allem auf globaler Ebene zu bilden, ist es selbstverständlich, dass manchmal erst nach einigen Versuchen der richtige Mensch gefunden wird. Fehlversuche stellen aber in diesem Zusammenhang weniger ein Problem dar, wenn man immer die Möglichkeit hat, sollte man auf den ersten Anhieb den Falschen erwischt haben, ihm das Recht wieder abzusprechen. Man kann in solch wichtigen Dingen ruhig auch etwas experimentieren. Wenn man aber keine Möglichkeit hat, jemandem das Recht auf Verwaltung von etwas abzusprechen, weil er der «Besitzer» seines privaten, unantastbaren Eigentums ist, dann ist die Allgemeinheit jeder möglichen Ausbeutung ausgeliefert.

Gesetze sind keine Gebote

Frage: Vielleicht müsste es auch moralische Richtlinien geben, zum Beispiel bei Rüstungsfirmen?

In der Gesetzgebung ringt eine Gemeinschaft von Menschen um gemeinsam anerkannte und für alle bindende Rahmenbedingungen. Jedes Gesetz bietet zunächst also lediglich einen Rahmen für die Solidarität bei der Befriedigung von Bedürfnissen und für die Freiheit bei der Entfaltung von Begabungen – oder, wirtschaftlich ausgedrückt, für den Verbrauch und für die Produktion. In diesen beiden Bereichen muss aber ganz individuell vorgegangen werden, denn sowohl Bedürfnisse wie auch Begabungen sind individuell unterschiedlich.

Ein Gesetz hat nur einen Sinn, wenn es allgemeingültig ist, sonst wäre es kein Gesetz. Deshalb ist in der Rechtsprechung die Anwendung eines Gesetzes auf den Einzelfall nicht weniger wichtig als das Gesetz selbst. Man kann sogar sagen, dass die besondere Begabung eines Richters, wodurch er ein allgemeines Gesetz für den Einzelfall «individualisiert», immer wichtiger werden wird, weil die Menschen sich immer weiter differenzieren. Das kompliziert zwar das soziale Leben immer mehr, es kann aber gerade dadurch immer vielfältiger, immer reichhaltiger gemacht werden.

Nehmen wir an, der Verwalter eines Pharmaunternehmens ist gestorben. Ich setze dabei voraus, dass niemand das Unternehmen besitzt, was natürlich im Gesetz verankert sein muss. Die Firma geht also nicht automatisch, das heißt ohne Eingriff der Vernunft, auf die Erben über. Wem soll nun das ausschließliche Recht zur Verwaltung dieser Firma zugesprochen werden? Es geht dabei weniger um eine «moralische Richtlinie» als vielmehr darum, dass ein Mensch mit ganz bestimmten Fähigkeiten gefunden werden muss. Statt moralischer Richtlinien würde ich eher von gesetzlichen Rahmenbedingungen sprechen, die für alle Pharmaunternehmen Gültigkeit haben.

Moral hat immer mit «Gut und Böse» zu tun. Ein Gesetz enthält dagegen Vereinbarungen, die sich auf Rechte und Pflichten beziehen und die aufgrund von Kompromissen getroffen werden. Im Sinne des Gesetzes kann nur das als «böse» angesehen werden, was gesetzwidrig ist – und nur aus dem Grund, weil es gesetzwidrig ist. Ob es auch im absoluten Sinne moralisch böse ist, interessiert im Rahmen des Gesetzes nicht. Denn die Kompromisse, die durch das Gesetz getroffen werden, betreffen nicht zuletzt die oft voneinander abweichenden Auffassungen von «Gut und Böse».

Auch im Fall einer Rüstungsfirma geht es darum, einen Menschen zu finden, der die nötigen Fähigkeiten hat. Natürlich kann man auch die grundsätzliche Frage stellen, ob es nicht für die Allgemeinheit besser wäre, wenn ein bestimmtes Unternehmen aufhörte zu existieren. Heutzutage ist es aber so, dass weniger die Vernunft als der Zufall des Marktes entscheidet, welche Unternehmen verschwinden. Der blinde Markt – die unsichtbare Hand von Adam Smith – macht dem einen den Garaus und treibt das andere zu schwindelerregenden Aktienkursen. Aber welche Folgen hat es für die Allgemeinheit, wenn gerade diejenigen immer reicher werden, die nur für den eigenen Profit sorgen, und diejenigen untergehen, die für die Allgemeinheit lebenswichtig sind?

In der Fähigkeitenwirtschaft wäre die Entscheidung, welche Unternehmen fortbestehen und welche verschwinden, dem blinden Zufall des Marktes entrissen und in die Hände der menschlichen Vernunft zurückgelegt.

Ich bin der Überzeugung, dass die Verhängnisse, die der blinde oder vielleicht auch nicht so blinde Zufall anrichtet, im Laufe der Zeit so unerträglich werden müssen, dass der Schrei nach Vernunft laut genug werden wird. Aber eine solche Vernunft kann nur langsam aufgebaut werden, sie kann nicht mit einem Schlag in Erscheinung treten. Nur die «totalitäre» Vernunft kann ohne besondere Vorbereitung auf den Plan treten, deshalb ist sie auch nicht viel «vernünftiger» als der blinde Zufall, wie die Geschichte hinlänglich gezeigt hat.

In diesem Zusammenhang muss die wichtige Frage gestellt werden: Ist eine Firma, die Massenvernichtungswaffen produziert, ein größeres moralisches Problem als eine Bank, deren Besitzer mit dem gesparten Geld von Millionen von Anlegern auf der Börse ihr Lottospiel betreiben? Soll der Staat in einem solchen Fall eingreifen, um das gefährdete Geld all dieser Menschen zumindest zum Teil noch zu retten? Soll eine solche Bank «verstaatlicht» werden? Und wenn ja, wäre das nicht das Ende der im Westen gerühmten freien Marktwirtschaft?

Es liegt in der Eigendynamik der weitverbreiteten Geldgier, dass solche Fälle immer zahlreicher den Bereich des Möglichen verlassen und Wirklichkeit werden. Aber wenn die einzige Alternative die Allmacht des Staates ist, werden die Probleme nicht gelöst. Die Wirtschaft kann nur gesund bleiben, wenn sie zu jeder Zeit ihre Unabhängigkeit von der Politik bewahrt. Nur gesellschaftliche Einrichtungen können solche Probleme lösen, denen das Gesetz die Befugnis gibt, dem Verwalter einer Bank das ihm zu seiner Zeit zugesprochene Recht abzusprechen, und die die umfassende Kompetenz haben, einen Bankverwalter ausfindig zu machen, der das Geld der Anleger zum Wohl und nicht zum Verderben der Menschen verwaltet.

Solche Einrichtungen sind nicht nur auf nationaler oder staatlicher Ebene nötig, sie werden vor allem in Bezug auf die globalisierte, weltweit vernetzte Wirtschaft unerlässlich. Weil die Menschheit insgesamt einen einzigen Organismus darstellt, müssen auch Einrichtungen vorhanden sein, die Entscheidungen in Bezug auf die wirtschaftliche oder finanzielle Gesundheit der ganzen Menschheit treffen können.

12. Die Talente des Menschen – ein Gleichnis

Beitrag: *Ich denke die ganze Zeit an das Gleichnis von den Talenten im Evangelium. Was mich daran stört, ist die Grausamkeit des Besitzers. Erstens will er mehr zurückhaben, als er gegeben hat, und zweitens sorgt er dafür, dass der eine Knecht, der das nicht geschafft hat, einfach umgebracht wird.*

Da wollen Sie ja bei mir abklopfen, ob von meinem Theologiestudium noch etwas geblieben ist! Dieses Gleichnis wird sowohl im Matthäus- als auch im Lukas-Evangelium erzählt. Die Grundaussagen stimmen natürlich überein, nur hat jeder Evangelist andere Einzelheiten hinzugefügt, und diese machen die Sache spannend.

Bei Matthäus haben wir drei Menschen: Der Erste bekommt ein Schenkungskapital von fünf, der Zweite bekommt zwei, der Dritte eins. Das sind die Fähigkeiten, die jedem Menschen von Gott oder von der Natur bei der Geburt mitgegeben werden.

Wenn es uns stört, dass sie quantitativ so unterschiedlich ausgestattet werden, können wir das mit dem griechischen Mythos vergleichen. Da sieht es nicht anders aus: Zeus gießt seine Weisheit in alle Menschen hinein und füllt jeden nach dem Prinzip der Gleichbehandlung bis zum Rand. Nur sind die Menschen unterschiedlich groß, so bekommen manche wesentlich mehr als andere. Aber alle werden gleich gefüllt, keinem wird von daher unrecht getan, denn voll ist voll. Die Fülle ist das Qualitative, und sie ist viel wichtiger als die Quantität. Die Grundaussage bleibt dieselbe sowohl im Mythos wie auch im Evangelium: Jeder bekommt so viel, wie er fassen kann. Mehr könnte er ja nicht.

Am Ende ihres Lebens kommen die drei zu ihrem Herrn zurück. Derjenige, der fünf Talente bekommen hat, bringt zehn zurück. «Wunderbar», sagt der Herr, «gut hast du das gemacht, du bekommst einen entsprechenden Lohn dafür.» Dasselbe geschieht mit dem, der zwei bekommen hatte: Der hat sie auch verdoppelt und bringt vier zurück. Der Dritte aber, der Arme, hat Angst bekommen, dass er sein einziges, armseliges Talent verlieren könnte, und ist auf Nummer sicher gegangen – das war vielleicht der Anfang unserer Versicherungen. Und was hat er getan? Er hat das Talent, um es nicht zu verlieren, in der Erde vergraben. Dadurch richtet er aber sich selbst zugrunde – nicht der Herr richtet ihn zugrunde –, weil er sich nicht weiterentwickelt hat, weil er seine Fähigkeiten nicht weiter gepflegt hat.

In der Lukas-Fassung des Gleichnisses sieht es etwas anders aus. Da muss der Verfasser sich Gedanken darüber gemacht haben, dass es doch schöner wäre, wenn alle am Anfang auch quantitativ gesehen die gleiche Chance bekommen. So setzt er im Unterschied zu Matthäus dort an, wo die Menschen noch alle gleich waren, wie Embryonen im Mutterleib kurz nach der Befruchtung. Bei Lukas ist daher von zehn Menschen die Rede, die alle ganz gleich ein Talent, ein Pfund an Geistesfähigkeit bekommen. Wenn diese Texte von «Talenten» reden, ist immer Geisteskapital damit gemeint, niemals das heutige abstrakte Geld. Denn das griechische Wort talanton (τάλαντον) bedeutet sowohl eine Begabung als auch eine Geldmünze.

Am Ende ihrer Entwicklung kommen alle zehn zurück. Der Erste hat aus seinem Pfund zehn gemacht. Was will man mehr? Er wird reichlich durch das belohnt, was er aus sich selbst gemacht hat. Ein anderer hat aus seinem Pfund fünf erwirtschaftet. Das ist auch sehr gut. Der Letzte aber hat, ähnlich wie im Matthäus-Text, das Pfund in seinem Schweißtuch versteckt – im Griechischen heißt es sudarion (σουδάριον), was wörtlich «Schweißtuch» bedeutet –, obwohl er weiß, dass der Besitzer mehr zurückhaben will, als er gegeben hat. Und in der Tat ärgert sich der Besitzer furchtbar darüber und fragt ihn: «Warum hast du denn nicht dein Talent den anderen gegeben, wenn du zu faul warst, selber damit zu wirtschaften? Sie hätten dir geholfen und dafür gesorgt, dass etwas Gescheites aus dir wird.» Und der Arme muss betroffen feststellen, wie dumm es ist, nichts Gescheites aus sich zu machen.

Solche Gleichnisse des Evangeliums sind unerschöpflich in dem, was sie uns sagen können. Aber wir wollen uns auf die Frage konzentrieren, warum es dem einen gelingt, sein Talent weiterzuentwickeln, sodass mehr daraus wird, als er bekommen hat. Wodurch wird es mehr? Doch durch das Zusammenwirken mit anderen Menschen. Durch die gegenseitigen Förderung wird die Vermehrung erlebbar. Heute würden wir vielleicht sagen, durch die Arbeitsteilung. Jedes Talent wird gefördert, wird weitergebracht, wenn es für die anderen Menschen eingesetzt wird.

Da haben wir das Gesetz der Zirkulation, des Kreislaufs wieder!

Was hat aber der arme Teufel getan, der nichts aus seinem Talent gemacht hat? Statt seine Begabungen für die anderen einzusetzen, hat er sie in einem Schweißtuch oder in der Erde verborgen. Warum hat er Angst und Sorge, sein Talent zu verlieren? Er weiß, sein Herr wird sogar mehr zurückhaben wollen, als er gegeben hat. Woher kommt denn seine furchtbare Angst?

Wenn der liebe Gott nur so viel von uns zurückhaben wollte, wie er uns gegeben hat, dann hätte er es von vornherein für sich behalten können. Wir hätten gar nichts von uns aus hinzuzufügen. Es wird also vorausgesetzt, dass wir in einer Entwicklung leben, wo die Freiheit das Wichtigste ist. Der Mensch bekommt eine Grundlage, sozusagen ein Investitions- oder Startkapital – das ist dasselbe, was man sonst immer die «Natur» des Menschen genannt hat. Aber er ist dazu berufen, durch seine Freiheit dem, was ihm die Natur gibt, etwas Neues hinzuzufügen. Deswegen will im Gleichnis der Herr mehr zurückhaben, als er gegeben hat. Das Neue ist, was der Mensch in seiner Freiheit aus sich macht.

Was tut also der Diener, der Angst bekommt? Statt Vertrauen zu haben, dass durch gegenseitige Förderung auch sein Talent sich vermehrt, hat er Angst, es zu verlieren. Er versteckt es im Schweißtuch oder in der Erde. Das ist wiederum höchst bedeutsam: Was geschieht, wenn das Schweißtuch als Schrein gebraucht wird, um das Talent zu hüten? Ein solcher Mensch braucht es nicht, weil er gar nicht mehr schwitzt. Mit anderen Worten: Er leistet überhaupt nichts für sich und die anderen Menschen.

In der Matthäus-Fassung vergräbt der Ängstliche sein Talent in der Erde: Das ist in der heutigen Gesellschaft der Grund- oder Landbesitzer, der das Kapital in Form von Grund und Boden zum Stauen bringt und den anderen entzieht. Der Besitz an Grund und Boden macht beides immer teurer, das heißt immer weniger zugänglich für die Ausübung der menschlichen Begabungen. Statt Grund und Boden den Begabten zur freien Verwaltung kostenlos zur Verfügung zu stellen, werden sie immer teurer, immer unzugänglicher gemacht. Es dürften, um nicht das Talent dahinein zu begraben, Grund und Boden nicht käuflich sein. Keiner sollte sie besitzen, um bequem zu werden, um nur darauf zu sitzen.

Im Lukas-Evangelium wird dem ängstlichen Diener ausdrücklich gesagt: «Du hast doch gewusst, dass ich mehr zurückhaben will, als ich dir gegeben habe. Wieso hast du denn dein Talent in dem Schweißtuch versteckt? Du hättest es zumindest den anderen geben sollen, wenn du es nicht selber vermehren wolltest.» Eine Begabung wird gerade dadurch am besten gefördert, dass sie für andere eingesetzt wird.

Frage: Aber keiner hat um das Talent gebeten. Warum will der Herr es nicht für sich behalten? Warum gibt er das Talent überhaupt her?

Damit ist gemeint, so verstehe ich das, dass der Mensch nicht selber seine Natur oder die Rahmenbedingungen seiner Entwicklung bestimmen kann. Er kann nicht bestimmen, wie er geschaffen ist und was ihm für die Reise mitgegeben wird. Jemand anders hat ihn zu einem talentierten und freien Wesen erschaffen. Auch wenn ihm das nicht gefällt, es bleibt trotzdem so. Er kann nicht eine alternative Menschennatur schaffen, weil er nicht selbst der liebe Gott ist. Das geht wirklich nicht, auch mit der raffiniertesten Gentechnologie nicht.

Die Grundaussage dieser Gleichnisse bleibt also: Der Mensch ist irgendwann geschaffen worden, er kann sich nicht an den Anfang der Schöpfung zurückversetzen, um seiner Natur andere Gesetze als die in ihr liegenden zugrunde zu legen. Er ist als freier, schöpferischer Geist geschaffen worden. Mit dem Schwitzen ist das Schaffen in Freiheit gemeint, es ist ein wohltuendes Schwitzen! Es ist, als schwitze jemand beim Ackerbau oder beim Spielen mit einem Kind. Dem Menschen wäre es vielleicht manchmal lieber, ohne die Strapazen der Freiheit zu leben, er möchte vielleicht in seiner Trägheit sein Talent vergraben, aber dann muss er auf Glück verzichten, denn sein Schöpfer hat ihn so gemacht, dass er nur im Erleben der schöpferischen Freiheit glücklich sein kann.

Macht oder Ohnmacht des Einzelnen?

Man könnte hier vielleicht einwenden: Das mag alles in der Theorie schön und gut sein, nur sehe ich nicht, was ich als einzelner Mensch dafür tun kann, dass die Lage der

Menschheit besser wird. Es liegt gerade in der Natur der heutigen Wirtschaft, dass die Zusammenhänge immer komplizierter werden, dass die Machtzentren durch gigantische Fusionen immer größer und undurchschaubarer werden und der einzelne Mensch sich vor lauter Sachzwängen immer ohnmächtiger fühlt. Er fühlt sich zunehmend wie vor einen Riesenmechanismus gestellt, dessen Räder eine eigene Dynamik entfalten. Und er muss innerlich mehr und mehr resignieren, sowohl im Hinblick auf seine Fähigkeit, das globalisierte Finanzsystem zu durchschauen, als auch auf seine Möglichkeit, es aktiv mitzugestalten.

Und trotzdem müssen wir sagen, der Einzelne ist alles andere als ohnmächtig, er ist ganz im Gegenteil der Einzige, der etwas tun kann. Nur muss er den Mut haben, bei sich anzufangen und nicht gleich bei der ganzen Menschheit. Viele möchten gerne die Menschheit verbessern, weil die Tatsache, dass dies nicht möglich ist, ihnen die beste Ausrede bietet, doch nichts zu tun. Schwieriger ist es, bei sich selbst anzufangen, weil hier die Ausrede, es sei nicht möglich, nicht gilt.

Die moderne Geldwirtschaft hat durch die zunehmende Globalisierung etwas zustande gebracht, was wir die Allmacht des Geldes nennen können. Das zeigt sich unter anderem daran, dass in vielen Unternehmen die Aktionäre inzwischen mehr als die Mitarbeiter oder die Kunden zu sagen haben. Das Erstaunliche ist aber, dass diese Allmacht des Geldes zugleich einen Zugewinn an Macht für den Einzelmenschen mit sich bringt, denn Geld ist gerade dasjenige, worüber jeder Mensch frei verfügt, und zwar täglich.

Jeder bekommt oder verdient Geld, jeder hat Geld, jeder gibt Geld aus.

Das Geld stellt die höchste Stufe der Gleichheit dar, es ist der gleiche Vertreter für alle Waren und Dienstleistungen. Und gerade diese verblüffend demokratische Gleichheit in Bezug auf das Geld ermöglicht die größte individuelle Freiheit. Denn die Einstellung dem Geld gegenüber ist wie kein anderes die persönliche Sache eines jeden Menschen. Das Unwiderstehliche des Internets liegt gerade im gleichen Zugang jedes Einzelnen zu jedem Einzelnen auf der ganzen Welt. Es veranschaulicht die allgemeine Solidarität durch Gleichheit und individuelle Freiheit.

Es wird immer mehr der Freiheit jedes Einzelnen überlassen, wie er mit seinem Geld umgeht, ob er es als bloßes Mittel oder als Zweck seines Lebens behandelt. Die Art und Weise, wie der Einzelne mit dem Geld umgeht, hat wiederum einen direkten Einfluss auf die Wirksamkeit des Geldes innerhalb der ganzen Menschheit. Die Entscheidungen werden hier nicht von Menschengruppen getroffen, sondern von Einzelindividuen. Eine Gruppe als solche kann nichts entscheiden, weil sie keinen Willen hat. Wie die Gruppierungen entstehen und wie sie zusammengesetzt sind, ist die Folge von Entscheidungen, die Einzelne zuvor getroffen haben.

Das Erste also, was jeder tun kann, ist, dass er sich bewusst macht, dass er dem Geld gegenüber absolute Freiheit hat. Dabei trifft jeder täglich eine entscheidende Wahl zwischen zwei Grundeinstellungen, die sich gegenseitig ausschließen – ob er sich das bewusst macht oder nicht.

Für viele ist das Geld in Wirklichkeit wichtiger als der Mensch geworden. Das Individuum vollzieht in seiner Entwicklung einen Quantensprung, wenn es durchschaut, wie viel glücklicher das Leben wird, wenn man den Menschen wichtiger nimmt als das Geld. Man hört dann auf, nur für Geld zu arbeiten, und fängt an, in seiner Arbeit die eigene Erfüllung und die gleichzeitige Förderung aller anderen Menschen anzustreben.

Es steht jedem frei, so viel Geld wie möglich zu horten, Berge davon anzuhäufen – oder es so oft wie möglich wieder in seinen natürlichen Kreislauf zurückzuführen. Die Angst, die dabei überwunden werden muss, ist die höchstpersönliche Angst eines jeden. Jeder kann sie nur selbst überwinden, und zwar jeden Tag aufs Neue.

Dabei können Überlegungen wie die folgenden einem helfen: Geld empfangen macht Freude, Geld ausgeben macht noch mehr Freude. Geld haben, Geld besitzen ist bloß eine Vertagung des Glücks, bloß die Vorstellung einer möglichen Freude in der Zukunft, die von einer unterschwelligen Angst vergiftet wird. Wenn ich einen 50-Euro-Schein geschenkt bekomme, werden zwei Menschen glücklich gemacht, der Geber und ich. Wenn ich denselben Schein ausgebe oder weiterschenke, sind auch wieder zwei glücklich darüber. Das macht zusammen schon vier Glückserlebnisse! Wenn man das auf viele Millionen Menschen hochrechnet, kann man sich kaum vorstellen, welche unermessliche Steigerung des Glücks bei erhöhtem Geldumlauf erlebt werden könnte. Eine ungeheure Dynamisierung der Wirtschaft wäre die Folge.

Angesammeltes Geld wird anderen entzogen, wird der Allgemeinheit gestohlen, weil es nicht zu denen zurückkehrt, von denen es kommt. Erhalten ist gut, behalten ist schlimm: Das Erste bringt das Geld in Bewegung, das Zweite hält seinen Kreislauf auf. Jedes Behalten des Geldes, jedes Besitzen ist ein Vorenthalten, ein Unterschlagen. Der Grund, warum viele Menschen in Geldmangel leben müssen, liegt darin, dass die anderen es nicht ausgeben oder schenken. Sie machen stattdessen Berge daraus – Banken und Börsen – und wundern sich dann, dass es so schwierig ist, diese Berge sinnvoll zu versetzen, das heißt, das ganze Geld sinnvoll zu investieren.

Es stimmt zwar, dass kein Unternehmen ohne Ansammlung von Kapital existieren kann, dass nur das Kapital eine zentralisierte Verfügung über die nötigen Produktionsmittel ermöglichen kann. Nur: Wenn in einer Firma der Geldgewinn wichtiger wird als die Qualität dessen, was diese Firma für die Menschen zu leisten hat, dann wird früher oder später viel mehr Kapital angehäuft, als für diese Firma auch wirtschaftlich gesund ist.

Die Geldberge der Börsen sind genauso sinnlos, als wenn der physische Organismus, um sich die Strapazen der feinverzweigten «Minitransaktionen» des Blutes von Organ zu Organ, von Zelle zu Zelle zu ersparen, die überall im Körper geschehen müssen, das ganze Blut lieber im Herzen sammeln würde, um es dann mit einem Schlag literweise direkt an die großen Zentren des Organismus zu verfrachten.

So haben wir eine Weltbank und einen Internationalen Währungsfonds, die den Millionen Menschen – den Zellen des sozialen Organismus – ihre Tropfen Geldflüssigkeit abnehmen, um sie dann kübelweise in den Machtzentren der verschiedenen Nationen zu investieren. Das Bestürzende dabei ist, dass die Zahl der Menschen zunimmt, die ganz freiwillig ihre «Tropfen» Geld lieber der Börse als dem Menschen geben, der ihr «Nächster» ist. Der physische Organismus bleibt aber gerade dadurch gesund, dass jede Zelle das Blut ganz natürlich an ihre benachbarten Zellen weitergibt. Wären die Menschen nicht besser dran, wenn sie sich von der Weisheit der Natur eine Scheibe abschneiden würden?

13. Geld für den Geist,
Geld für den Menschen

Nicht die Ansammlung von Kapital ist also das Problem, sondern die zugrunde liegende Lebenseinstellung, die sich die Geldvermehrung zum Ziel setzt und alles andere nur als Mittel zu diesem Zweck betrachtet. Diese Einstellung ist es, die wir in aller Ehrlichkeit ins Auge fassen müssen, wenn wir an die Wurzel des Übels gelangen wollen. Und die richtige Einstellung kann nur jeder bei sich pflegen. Alle Menschen, die das tun, haben die Chance, glücklicher zu leben – und nicht nur das: Der ganze soziale Organismus kann dadurch immer gesünder werden.

Natürlich haken hier die meisten ein und sagen: Aber das stimmt doch nicht, dass für mich das Geld wichtiger ist als der Mensch. Meine Kinder sind mir doch viel wichtiger als das Geld. Für sie will ich Geld verdienen, um ihnen eine bessere Zukunft zu ermöglichen.

Und doch muss man den Mut haben, sich zuzugestehen, dass diese Gedanken, so schön und gut gemeint sie sind, oft mehr Wunschdenken als eine Realität darstellen. Viele sind sicherlich ehrlich, wenn sie sagen, ihnen ist der Mensch das Allerwichtigste. Sie durchschauen nur nicht, dass das Leben sie dazu zwingt, alles andere dem Geldverdienen zu opfern.

Für die Firma, in der ein Mensch arbeitet, ist das Wichtigste der Profit. Wenn Entscheidungen getroffen werden, wird meistens nur nach Sachzwängen argumentiert. Die allerwichtigste Frage eines Unternehmens müsste sein:

Auf welche Weise fördert unsere gemeinsame Tätigkeit den Menschen in jedem Menschen? Aber diese Frage wird nicht einmal gestellt. Macht jemand darauf aufmerksam, was die Folgen der Firmentätigkeit für Mensch und Umwelt sind, so hört er meistens als Antwort: Schön wäre es, wenn wir es so machen könnten, wie Sie vorschlagen, aber wir können das nicht tun, wenn wir mit der Konkurrenz mithalten wollen.

In den letzten Jahrhunderten hat der Menschengeist mit Riesenschritten die Welt der Materie erobert. Die Atomtechnik ist bis zur Grenze zwischen Materie und Energie vorgestoßen. Die Gentechnik forscht an der Schwelle zwischen Leben und Tod und will sich der kleinsten Bausteine des Lebens bemächtigen. Die Informationstechnologie strebt danach, das Nebeneinander des Raumes und das Nacheinander der Zeit in Nanosekundenschnelle aufzuheben. Das Hier und Jetzt soll zum Überall und Immer werden.

Die Schwelle, die unsere jetzige Kultur wie im Taumel, nur halb bewusst, überschreitet, liegt an der Grenze zwischen sinnlicher und übersinnlicher Welt. Die Menschen werden immer schmerzlicher erfahren, dass alles, was physisch-materiell ist, eine Grenze hat. Es gibt eine Grenze für das, was ich auf einmal essen oder trinken kann, es gibt eine Grenze der Jugend, es gibt eine Sättigung des materiellen Wohlstands, es gibt eine Grenze für die Zahl der Autos, die Mensch und Erde vertragen können. Es gibt eine Grenze der Ressourcen der Erde. Es gibt eine Grenze des wirtschaftlichen Wachstums überhaupt. Wenn der Mensch diese Grenzen nicht achtet, wenn er das natürliche Maß aus dem Auge verliert und maßlos wird, dann rächt sich die Natur, und er wird krank.

In der Wirtschaft ist es nicht anders: Es liegt in der Natur der modernen Kapitalbildung und Arbeitsteilung, dass die Produktion dadurch ungeheuer gesteigert werden kann und alle Waren immer billiger werden. Diese Entwicklung hat aber auch ihre Grenze: Sie kann nur in dem Maße gesund bleiben, in dem das Geld zusammen mit allen Dingen, die es repräsentiert, im Laufe der Zeit entwertet wird. Und das heißt, immer mehr Geld in Form von Schenkungen den reinen Konsumenten zukommen zu lassen: der Jugend, den älteren Menschen und den kulturell Produktiven.

Der Mensch hat einen Körper, aber in seinem innersten Wesen ist er Seele und Geist. Alles Körperliche ist kostbares, unentbehrliches Werkzeug für die Erfahrungen der Seele und die Errungenschaften des Geistes. Der Körper ist wie ein Musikinstrument: Er soll den Melodien der Seele und den Klängen des Geistes dienen.

In den letzten Jahrhunderten, im Zeitalter der Industrialisierung und des technologischen Fortschritts, hat der Mensch all seine Kräfte, all seine Erfindungsgabe den Maschinen gewidmet. Vom einfachsten Computer bis zum kompliziertesten Kriegsflugzeug begleiten uns die Maschinen immer und überall.

Die Schwelle, die wir in der nächsten Zukunft zu überschreiten haben, trennt das Zeitalter der Maschine vom Zeitalter des Menschen. In vielen Unternehmen ist die Maschine begehrt und der arbeitende Mensch zu einem Störfaktor geworden. Die Rationalisierung setzt Menschen massenweise auf die Straße. Eine hoffnungsvolle Zukunft kann nur darin liegen, dass der Mensch wieder wichtiger als die Maschine gemacht wird. Derselbe Geist, der lange genug im Dienst der Maschine gestanden hat, wartet darauf, eine Kultur der Menschlichkeit hervorzubringen, in der die Maschine dem Menschen dient.

Eine Vermenschlichung der Kultur ist auch das, was die heranwachsende Jugend sucht. Die Langeweile eines Menschen, der zu viel hat und zu wenig ist, erzeugt eine tiefe, wenngleich nicht immer klar bewusste Sehnsucht nach der Vergeistigung der Kultur. In der Öffentlichkeit, wo fast nur noch Politik und Wirtschaft – Macht und Geld – eine Rolle spielen, sehnt sich besonders die Jugend nach mehr Menschlichkeit, nach mehr Kultur. Und Kultur heißt Mut zur öffentlichen Auseinandersetzung über die Werte unseres Lebens, über den Sinn des Daseins überhaupt.

Wo das Geld zum Diener des Menschen wird, kann sich jeder Mensch mehr und mehr als individuelles, geistbegabtes Wesen erleben. Er kann durch die intuitive Kraft seiner moralischen Fantasie das erkennen, was er auf seine individuelle Weise beitragen kann, um eine menschenfreundliche Wirtschaft zu gestalten. Je intensiver jemand das erlebt, je tiefer seine Schaffensfreude wird, desto unerschütterlicher wird sein Vertrauen in jeden Menschen und in das Leben sein.

Die geistige Entwicklungsfähigkeit des Menschen kennt im Gegensatz zu allem Physisch-Materiellen keine Grenzen. Unserer Erkenntnis sind keine Grenzen gesetzt, unsere Liebesfähigkeit kennt keine Schranken. Die Macht erfährt ihre Grenze in der Zerstörung, die sie anrichtet, die Liebe zum Menschengeist heilt von jeder Zerstörung und hebt alle Schranken auf.

In jedem Funken von Begeisterung steckt der Geist! Wenn der Mensch die Begeisterung nicht mehr erleben kann, sucht er als kümmerlichen Ersatz das Geld. Wie kann man ihm das verdenken, wenn er keine Ahnung hat, was ihm fehlt? Und der Mensch, der vom reinen Glück der Begeisterung leben darf, wird er nicht gerne auch den anderen so viel wie möglich von seinem Geld zur Verfügung stellen?

Die Wahl zwischen Macht und Menschlichkeit wird jeden Tag von jedem Menschen getroffen, ob bewusst oder unbewusst. Macht ist überall dort zu finden, wo es Gewinner und Verlierer gibt, Menschlichkeit wird da erlebt, wo es nur Gewinner gibt, wo alle einen Gewinn für alle anstreben. Die gegenseitige Förderung ist das Lebensgesetz der Glieder eines Organismus. Die globalisierte Wirtschaft wird in dem Maße gesunden können, in dem durch sie alle Menschen gefördert werden.

Die tiefste Menschlichkeit wird durch das Schenken erlebt, wodurch menschliche Fähigkeiten im Hinblick auf eine bessere Zukunft für alle gefördert werden. Die Beschenkten dürfen, von der Sorge um ihre Bedürfnisse ein Stück befreit, ihre Begabungen zum Wohl aller einsetzen. Es werden alle immer mehr Menschlichkeit erleben können, wenn jeder den ganzen Menschen in jedem Menschen erkennt und liebt und fördert.

Pietro Archiati wird 1944 bei Brescia in der Nähe vom Gardasee geboren und wächst als viertes von zehn Kindern in einer Bauernfamilie auf. Er studiert Theologie und Philosophie an der Gregoriana in Rom und später an der Ludwig-Maximilians-Universität in München. In Laos arbeitet er als Lehrer während der schwierigsten Jahre des Vietnam-Krieges (1968-70). Von 1974 an ist er in New York in Verbindung mit dem missionarischen Orden tätig, in den er als Zehnjähriger eingetreten war.

Während einer Einsiedlerzeit am Comer See entdeckt er 1977 die Schriften Rudolf Steiners, dessen Geisteswissenschaft die große Leidenschaft seines Lebens wird, weil sie nicht nur die sinnliche, sondern auch die geistige Welt mit gleichem wissenschaftlichem Anspruch erforscht und dadurch sowohl der Naturwissenschaft wie auch der Religion einen wichtigen Schritt nach vorn ermöglicht. Von 1981 bis 1985 ist er Dozent in einem Priesterseminar in Südafrika, während der letzten Jahre der Rassentrennung.

Seit 1987 lebt er in Deutschland als Schriftsteller und als freiberuflicher Redner, hält Vorträge, Seminare und Tagungen auch in anderen Ländern – in völliger Unabhängigkeit von jeder Art von Einrichtung oder Institution. Seine Bücher sind dem freien Geist jedes Menschen gewidmet – der Unerschöpflichkeit seiner denkerischen und moralischen Kräfte.